Spurs / Éperons

Jacques Derrida

Spurs
Nietzsche's Styles

Éperons
Les Styles de Nietzsche

Introduction by
Stefano Agosti

Préface de
Stefano Agosti

English Translation by
Barbara Harlow

Drawings by
François Loubrieu

Dessins de
François Loubrieu

The University of Chicago Press
Chicago and London

The University of Chicago Press, Chicago 60637
The University of Chicago Press, Ltd., London
© 1978 by Flammarion, Paris. All rights reserved
French-English version published 1979
Printed in the United States of America

JACQUES DERRIDA is professor of the history of
philosophy at the Ecole Normale Supérieure in
Paris. Among his many books are three major
works published or to be published in English-
language editions by the University of Chicago
Press: *Writing and Difference* (1978); *La dissémination;* and *Positions*.

Library of Congress Cataloging in Publication Data

Derrida, Jacques.
  Spurs.

  English and French on facing pages.
  Includes bibliographical references.
  1. Nietzsche, Friedrich Wilhelm, 1844–1900.
2. Language and languages—Style.   I. Agosti,
Stefano.   II. Title.   II. Title: Éperons.
B3317.D47   1979   193   79–31
ISBN 0–226–14330–9

Contents

Coup sur coup
Préface à *Éperons*

Coup upon Coup
An Introduction to *Spurs*

Stefano Agosti

Un « coup de don » résonne, silencieux,
au milieu de ces pages. Faut-il l'interroger,
le soumettre à quelque travail de la réflexion
pour voir ce qu'il dit? Le contexte adjacent
fournit une caisse de résonance sémantique
où le sens de ce coup peut, sinon se
fixer, du moins s'enlever. Équivalent du
pharmakon, ou de ces autres signes, ni
mots ni concepts, qui étayent l'opération
de Derrida, le «coup de don » arrête provi-
soirement, dans sa constitution verbale, la
forme même d'un surplus conceptuel qui
représente le fond (sans fond) à partir duquel
s'élabore la possibilité même du concept:
à savoir une articulation oppositionnelle. Or,
tout cela étant assez familier aux lecteurs
de Derrida, il est peut-être inutile d'y insister
davantage. Mieux vaut renvoyer le lecteur
au passage qui contient cette nouvelle
« marque» pour qu'il y touche, s'y aveugle
de ses propres yeux.
Mais, ce « coup de don » ne porte-t-il pas,
en lui-même, des significations autres, qui le
font éclater en tant que marque et en pro-
pagent l'écho plus loin, ailleurs, dans d'autres
textes?
Il y a bien des possibilités de « sens » dans
l'abîme de ce coup. À savoir, par exemple,
coup dedans et *coup de dent*, où l'on voit
conjugués, à l'intérieur d'une identité de sons
et sous l'invariable d'une violence, le dedans
et le dehors, un thorax que secouent les
coups de son propre coeur, et l'*ictus* qui s'y
enfonce en en étalant au dehors le bruit et
peut-être le sang. Et le sens. Puisque, en
éclatant ainsi, il finit par déclarer son sens:
le « don » comme offre de soi, comme le
fin fond (le coeur) d'une intériorité sponta-

There is a *coup de don* which
silently resounds from out of these pages.
Should it be interrogated or submitted to
reflection's labor that one might discover
what it is saying? The adjacent context
provides a semantic sound box wherein
this *coup*, even if not fixed, might at least
give rise to itself. The *coup de don* is
equivalent to the *pharmakon* and those other
signs which, themselves neither words nor
concepts, support Derrida's operation: it
temporarily checks the verbal constitution
of that form of a conceptual surplus which
represents the (unfounded) foundation from
which the concept's very possibility is to
be elaborated: an oppositional articulation.
But then all of this must be familiar to
Derrida's readers and there can be little
advantage to insisting on it further. Better
that the reader should be referred to that
passage wherein this new « mark » is
contained, that he might, with his own
eyes, touch it and be blinded.
But doesn't this *coup de don* bear within
itself other meanings, meanings which,
exploding it insofar as it is a mark, propagate
its echo further, elsewhere, into other texts?
There are many possibilities for « meaning »
in the abyss of this *coup*. There is, for
example, the *coup dedans* (inside beat) and
the *coup de dent* (bite), where the inside
and the outside alike are conjugated within
an identity of sounds and beneath the
constant of violence: a thorax shaken by its
own heart's *coups* (beats), and the *ictus*
which, as it forces itself inside, forces the
noise, and perhaps even the blood (*sang*), to
the outside. The meaning (*sens*) too. And
this because, exploding in such a fashion,
it must end by disclosing its meaning: the
meaning of the gift (*don*) as a self—offering,
as the farthest reaches (the heart) of a

nément aliénée, que le coup renverse en
rejet déchaîné et déchiré, en rejet unique:
un coup. Pour la même raison, il finit aussi
par se propager sans mesure, sans fin, en
dehors de ce texte, dans d'autres textes, si
ce n'est en dehors du tout: les « coups du
dehors », par exemple, que l'on entend,
à l'aube, à la porte de la pharmacie de Platon.
Mais à l'intérieur de la pharmacie, pendant
la veille du Philosophe tout le long de la
nuit, d'autres coups se font entendre: bour-
donnement ininterrompu dans lequel le
Philosophe saisit des bribes, isole des fragments. Ce sont des coups et des coups, parmi
lesquels Platon se sent pris de vertige:
« ... *pharmakon* veut dire coup ... 'de sorte
que *pharmakon* aurait signifié: ce qui concerne un coup démoniaque ou qui est employé comme moyen curatif contre pareil
coup' ... un coup de force ... un coup
tiré ... un coup monté ... mais un coup
pour rien ... un coup dans l'eau ... *en udati
grapsei* ... et un coup du sort ... Theuth
qui inventa l'écriture ... le calendrier ...
les dés ... *kubeia* ... le coup du calendrier ...
le coup de théâtre ... le coup de l'écriture ...
le coup de dés ... le coup double ...
kolaphos ... *gluph* ... *colpus* ... coup ...
glyphe ... scalpel ... scalpe ... kryse,
khrysolithe, khrysologie ...
« Platon se bouche les oreilles [...] ».
Les coups font donc irruption ailleurs,
éclatent dans d'autres textes. Et, si le
pharmakon est un coup, ce sont des coups

spontaneously estranged interiority which is overturned by this *coup* (blow), an unleashed refuse, rent asunder, a unique refuse: a *coup* (coup). For the same reason too, it ends by propagating itself, unmeasured and endless, outside of the text, in other texts. Outside perhaps of even everything. There are the *coups du dehors* (knocks from without), for example, which are heard at the door of Plato's pharmacy. But inside the pharmacy, during the Philosopher's night—long vigil, other *coups* (knocks) too are heard. It is an incessant din out of which the Philosopher isolates fragments and snatches up odds and ends. There are *coups* and there are *coups*. In their midst Plato is seized by dizziness: « *pharmakon* means *coup* . . . 'such that *pharmakon* might have signified: that which pertains to a *coup démoniaque* (demoniacal attack) or is used as a curative for such a *coup* (attack)'. . . a *coup de force* (unjustified violence on the part of an authority) . . . a *coup tiré* (a shot fired). . . a *coup monté* (a premeditated attack, a set—up) . . . but a *coup pour rien* (unavailing attempt) . . . a *coup dans l'eau* (like beating water) . . . *en udati grapsei* . . . and a *coup du sort* (fate's blow) . . . Theuth who invented writing . . . the calendar . . . dice . . . *kubeia* . . . the *coup du calendrier* (the calendar's device or deal) . . . the *coup de théâtre* (dramatic reversal) . . . the *coup de l'écriture* (writing's device or deal) . . . the *coups de dés* (the throw of the dice) . . . the *coup double* (the double effect) . . . *kolaphos* . . . *gluph* . . . *colpus* . . . *coup* . . . *glyph* . . . scalpel . . . scalp . . . khryse, khrysolith, khrysology . . . Plato blocks his ears [. . .] ».
Thus the *coups* erupt elsewhere. They burst forth in other texts. And if the *pharmakon* is a *coup*, then there are *coups in* the

dans le texte. Dans celui de Platon non
moins que dans celui de Derrida, car un
texte, ici, recoupe l'autre. Ce qui fait qu'il
n'y a plus ni un texte *de* Platon ni un texte
de Derrida mais un seul texte qui, de par
sa « présence », détruit à jamais la spécificité,
l'historicité (et la propriété) du texte en tant
que texte.

Mais voici, toujours ailleurs, d'autres coups:
à la fois *dans* et *hors* le texte. Ce qui signifie,
à l'intérieur de cette implication, encore
deux choses: d'abord, qu'ils se produisent
dans un texte qui se situe *en dehors* du
texte véritable, par exemple dans une « préface », *limen* ou lieu d'introduction au texte,
« hors-texte » ou « tympan »; ensuite,
que leur présence est double: d'un
côté, ils se donnent comme immanence
active, matérielle *dans* la chaîne verbale,
qu'ils disloquent, embrouillent ou coupent,
et dont un exemple peut être celui de
l'«homonymie » signalée au début de cette
note; de l'autre côté, ils se placent *hors* du
texte en tant qu'éléments notionnels (et
méta-opérationnels), « lieux » de production,
ou d'effondrement, du concept et aussi
« formules » d'un programme (le *pharmakon*,
par exemple, relève de ce dernier type, de
ce double type de fonctions). Ainsi dans
Tympan, qui ouvre (sur les) *Marges*: « Et
si le tympan est une limite, il s'agirait peut-
être moins de déplacer telle limite déterminée
que de travailler au concept de limite et à
la limite du concept. De la faire sortir en
plusieurs *coups de ses gonds* » (c'est nous
qui soulignons). Ici le « coup » joue, comme

text, in Plato's no less than in Derrida's.
Because here the one intersects the other.
And on this account there is no longer
either a text *of* Plato or a text *of* Derrida.
Instead there is a single text which, by way
of its « presence », forever destroys the
historicity, the specificity (and the property)
of the text as text.

But here, still and always elsewhere, are
other *coups*, and these too are at once *inside*
and *outside* the text. Within this implication
two more things are signified. It is signified,
first, that these are produced *in* a text
which is located outside the real text: in
a « preface » for example, a *limen* or the
text's introductory place, an « *hors texte* »
or « *tympan* ». Second, it is signified that
their presence is double; on the one hand,
they are given as an active immanence,
a material *in* the verbal chain. This chain
they dislocate, tangle or cut (*coupent*). An
example of this is perhaps the « homonymy »
which was referred to at the beginning
of this note. On the other hand, they are
located *outside* the text inasmuch as they are
notional (and *meta*—operational) elements.
They are the « places » of the concept's
production or its collapse; they are also the
« formulas » for a program (the *pharmakon*,
for example, is of this last type, the
double type of functions).

Thus in *Tympan*, which opens (onto the)
Marges, one reads, « And if the tympanum is
indeed a limit, it is perhaps then a matter
not so much of displacing a determined
limit of this sort as of manipulating the
concept of limit and the limit of the
concept, and thus, « de la faire sortir de
plusieurs *coups de ses gonds* (with several
blows to knock it off its hinges). » (Our
italics.) In this instance (and as mentioned
above), the « *coup* » plays on the two

nous l'avons dit ci-dessus, sur les deux
faces de cette opération globale qu'est
l'*écriture*: sur sa face matérielle, car l'expression, qui est plus large que les syntagmes
cités plus haut (elle englobe la proposition
dans sa totalité), se relie à toute la série
des coups précédents, disséminés dans les
autres textes, produisant cet effet de vertige
dû à la mise en question du concept par
le jeu instable et itératif des formes, les
dédoublements textuels et les glissements
sémantiques, qui nous privent du pouvoir
de le fixer ou cerner. Mais le « coup » joue
aussi sur la face abstraite, extérieure du
texte. Dans le passage cité, il est décrit en
effet, en toutes lettres – bien qu'il s'agisse
de quelque chose d'impossible à établir,
à « comprendre » –, ce qu'est le but de
l'opération. Le coup relève, en ce cas, du
niveau notionnel et méta-opérationnel à la
fois. Il est le point de repère d'un programme
et d'un projet. Il en est aussi la « pointe »
– ce qui nous renvoie, dans un parcours,
une ellipse qui tourne sans cesse sur son
tracé, à l'autre face de l'opération, la face
matérielle.
Un peu plus loins dans le même texte,
dans ce même *Tympan*, nous lisons
ce passage: « En terme de presse,
donc, manuelle, qu'est-ce qu'un tympan?
Il *faut le savoir*, pour provoquer dans
l'équilibre de l'oreille interne [...] quelque
dislocation sans mesure. Et pour donner,
si la blessure hégélienne (*Beleidigung,
Verleztung*) *paraît* toujours recousue, de la
lésion sans suture naissance à quelque
partition inouïe » (souligné par l'auteur).
Arrêtons-nous, faute d'avoir le loisir d'expliciter toutes les références du passage, aux
métaphores de l'ouïe (le tympan) et de la
partition – inouïe (à savoir, aussi: silen-
cieuse). Il s'agit de disloquer l'oreille interne,

faces of that total operation which is writing.
It plays on its material face in that the
expression (which, because it encompasses
the totality of the proposition, is larger than
those syntagms (*syntagmes*, cited above)) is
connected to the entire series of preceding
coups. These *coups,* disseminated in other
texts, produce a vertiginous effect. They
challenge the concept by their unstable and
iterative play of forms, their textual
duplication and semantic drift, which renders
us powerless to fix or seize hold of it. But
the « *coup* » plays too on the abstract,
exterior face of the text. Although it is
impossible to prescribe or « understand »
it, the operation's aim is nonetheless described and spelled out in the cited passage.
In this case the *coup* refers to both the
notional and meta–operational levels. It is
the reference point for a program and a
project. It is also its « point ». And we are
driven back to the other face of the
operation, its material face. A circuit, an
ellipsis that turns ever on its tracings.
And a little further on in the same text,
the same *Tympan*, we read this passage:
« In printing, and thus in manual, terms,
what is a tympanum? *This must be known*, if
in the equilibrium of the inner ear, there
is to be provoked [...] some unmeasured
dislocation, and if, from the lesion—should
the Hegelian wound (*Beleidigung,*
Verletzung) still *appear* sewn up—there
is to be born some unheard—of musical
score. » (Author's italics.) Since the
occasion is not afforded us here for
elucidating all the references of this passage,
let us pause at those metaphors of hearing
(the tympanum) and of the musical score—
unheard of (and, that is, silent too). This
matter, then, of dislocating the inner ear,
might be translated as « de la faire sortir

ce qui peut se traduire ainsi: « la faire sortir
en plusieurs *coups de ses gonds* », pour y faire
résonner une partition inouïe, sans mesure. Il
s'agit, en somme, de « luxer l'oreille philosophique, faire travailler le *loxos* [l'obliquité
de la membrane du tympan] dans le *logos* ».
L'oreille, le tympan, seront donc crevés
par des *coups de gong* que Derrida lui-
même, dans une interview avec Lucette
Finas, déclare « introuvables dans le discours
ou sur la page ». Introuvables parce
qu'ils résonnent, à la fois, dans un espace
mental où les oppositions conceptuelles, qui
normalement sont à l'origine du discours,
se confondent et se mêlent, changeant et
échangeant sans cesse leurs polarisations
axiologiques; et dans un espace textuel où
toutes les « sonorités » (les échos de sens)
s'enfoncent et se multiplient, à perte de
vue et d'ouïe, à travers des strates différentes,
selon des mouvements discontinus et rapides,
dont on saisit seulement les noeuds, ou
les pointes qui crèvent la surface (du
« discours »), qui crèvent les yeux. Mais ils
sont introuvables aussi, ces coups de gong,
parce que leur économie est tout à fait
différente de celle qui règle, normalement,
un processus. Au degré le plus élevé du
rendement, ils peuvent, d'un coup, s'effacer,
instaurer le silence. Ou encore, plus sub-
tilement, d'un « trait » de silence introduire
une sonorisation qui, elle, les efface comme
sons, comme *coups*. Toujours sur un *limen,*
un autre, celui-ci dénommé precisément
Hors livre, là où il est tout proche du texte,
c'est-a-dire vers sa fin, le « coup » se trans-

de plusieurs *coups de ses gonds* » in order
that some unheard—of musical score,
unmeasured, might resound there. It is
quite a matter of « luxating the philosophical
ear, putting the *loxos* [the obliquity of the
tympanic membrane] to work in the *logos.* »
The ear and the tympanum will thus be
burst by those *coups de gong* (stroke of
the gong) which, according to Derrida
himself, in an interview with Lucette Finas,
are « not to be found in the discourse or
on the page. » They are not to be found
there because they resound in a mental
space where those conceptual oppositions,
from which the discourse normally originates,
are confused and entangled, ever changing
and exchanging their axiological polariza-
tions; because, at the same time they
resound in this mental space, they resound
too in a textual space where all the
« sonorities » (the echos of meaning),
out of sight and hearing and through various
strata, penetrate each other and multiply in
rapid, discontinuous motions. One grasps
there only the nodes, those points which
poke through the surface (of the
« discourse ») and poke out one's eyes.
But again, these *coups de gong* are not
to be found because their economy
is entirely different from that by which
a process is, normally at least, regulated. At
maximum production they can, *d'un coup*
(in one swift blow), obliterate themselves,
thereby establishing silence. Or yet again,
they might, even more subtly, through just
the merest « passage » of silence, introduce a
sonorization which itself would obliterate
them as sounds, as *coups*. It is always on
some *limen*, always another one, and
precisely the one designated « *Hors–livre* »,
just where it is closest to the text, towards
the end, that is, that the « *coup* » is trans-

forme, grâce à la sonorisation de « p » pro-
voquée par le « son muet » d'une voyelle, dans
la pause qui partage le vers, dans le silence
qui l'entoure et qui l'organise: la *coupe.*
La référence mallarméenne se fait là expli-
cite, ce qui permet de revenir de nouveau
aux coups du tympan, désormais impossibles
à situer, à décrire. Encore à la fin, là où
le *Tympan* est prêt à s'ouvrir non plus sur
le texte de Leiris mais sur son texte propre,
on peut lire: « Cette répercussion vannée
déjà d'un type qui n'a pas encore sonné,
ce temps timbré entre l'écriture et la parole
(s')appellent *un coup de donc* » (souligné
par l'auteur).
« Un coup de don », « un coup de donc »:
un coup d'igitur.
Or, je me demande si ces coups qui travaillent le texte, cette pratique – les coups,
ici, dans cette note, ne représentent qu'un
résumé, un point de repère de cette pratique
– cette pratique des coups, qui désarticule
le discours pour en faire ressortir la trame
textuelle et, par là même, y défaire le lieu
stable, rassurant, d'un sens plein, d'une
vérité, d'une origine ou d'un *télos*, cette
pratique qui joue, *en même temps et d'un
lieu nul*, sur les deux faces du signe – sur un
concept indécidable et sur un signifiant in-
tenable –, je me demande si cette pratique,
tout exceptionnelle qu'elle est, n'a pas un
modèle assez proche, ne se reconnaît pas,
assez de près, bien que les visées en soient
tout à fait différentes, dans un exemple:
celui de Mallarmé, justement, puisque, dans
sa totalité, elle, cette pratique, se définit
comme « coup de donc », *coup d'igitur* (et
de dés). Je voudrais essayer d'en fixer ici
les analogies d'ordre général, en dehors,

formed. Its transformation is owing to the sonorization of the *p* that the vowel's « mute sound » provokes, provokes in the divisive pause of the line, in the silence that surrounds and organizes it: the *coupe* (cut). This explicit reference to Mallarme allows for a return once again to the *coups du tympan* (the tympanum's beats). No longer can they be situated and described.

And again, at the end, there where the Tympan is about to open, open not onto Leiris's, but onto its own text, one reads: « The already exhausted repercussion of a sort that has not yet sounded, the sonorous time between writing and the spoken word, these call (themselves) a *coup de donc* (therefore's impact). » (Author's italics.) « A coup de don », « a coup de donc »: « a *coup d'igitur* ».

And so I wonder about these *coups* that are manipulating the text, about this practice (and the *coups* represent in this note but a resumé, a point of reference for this practice), about this practice of *coups* which de—articulates the discourse so that its textual texture might be brought out, brought out in such a way that the stable, reassuring place of full meaning, truth, of an origin and *telos,* is undone. The practice that is playing *at once and no where*, on the two faces of a sign—on an undecidable concept and an untenable signifier—I wonder if this practice, exceptional though it is, might not find a closely—related model, might not, if seen close up, recognize itself, even in spite of their different designs, in an example: Mallarmé's example, insofar as this practice, in its totality, is defined as « coup de donc, » « *coup d'igitur* » (and of « *dés* » (dice)). I would like then to establish here the general order of these analogies—outside, of course, of Derrida's

naturellement, de l'intervention directe de Derrida sur les textes de Mallarmé.

J'ai sous la main plusieurs exemples. J'en choisirai trois: c'est-à-dire un pour chaque niveau de la pratique de l'écriture telle que nous l'avons partagée plus haut, pour des raisons didactiques, naturellement, mais aussi à partir des instances implicites en elle: niveau matériel, niveau notionnel, niveau méta-opérationnel.

Dans le fait – à savoir aussi bien dans le texte de Mallarmé que dans celui de Derrida – ces trois niveaux travaillent ensemble, se recoupent et se renvoient réciproquement les différents effets. Or (et cela est important à faire remarquer), il y a bien d'autres textes où des pratiques analogues sont à l'oeuvre: seulement, jamais à ces trois niveaux simultanément. Le texte de Joyce, par exemple, n'assimile que le premier niveau; celui de Bataille et, en général, celui d'Artaud, les deux autres à l'exclusion du premier, qui est remplacé, chez Artaud, par une matérialité autre, non scripturale; etc. Voici le premier exemple. Dans une note à la *Double séance*, Derrida remarque, entre autres, le fonctionnement du signifiant OR à l'intérieur de quelques textes mallarméens, dans *Igitur* surtout: « or » multiple et dont une des ascendances étymologiques est *heure, hora*. Ainsi, dans le premier épisode d'*Igitur*, qui est consacré au « *rêve* pur d'un Minuit », *or* et *heure* (« l'heure de l'or et « l'or de l'heure ») miroitent tout le long du chapitre selon un jeu double et superposé (voir, pour *or*, par exemple: « décOR ORdinaire[s] de la Nuit, sinon que subsiste encORe [= *hanc horam*, souligne Derrida]

direct consideration of Mallarmé's texts.
There are several examples of these at hand
from which I shall select three: one example
to correspond to each level of the practice
of writing according to our above division.
Such a division has, of course, didactic
purpose, but it derives just as much from
the implicit instances within that practice:
the material level, the notional level, and
the meta—operational level. In the case
in point (that is, just as much in Mallarmé's
text as in Derrida's) these three levels work
together. In a reciprocal way they intersect
and refer back and forth to each other
their different effects. This very fact is
important to note, particularly since, although there are indeed other texts where
analogous practices are in play, these practices
never appear on all three levels simultaneously. Joyce's text, for example, assimilates
only the first level. In Bataille's text, and
generally in that of Artaud, it is only the
other two levels that are assimilated, although the first level, thus excluded, is
replaced in Artaud's case by another, non-
scriptural, materiality. Etc.
Consider the first example. Derrida, in a
note to the *Double séance*, observes the
functioning, one among others, of the
signifier *OR* within certain of Mallarmé's
texts, and most notably *Igitur*. This « *or,* »
which is itself multiple, finds one of its
etymological ancestors in *heure, hora*. Thus,
in the first of *Igitur's* episodes, which is
devoted to the « *rêve pur d'un Minuit*, » *or*
and *heure* (« *l'heure de l'or* » and « *l'or de
l'heure* ») shimmer throughout the chapter,
shimmer in the double play of superimposi-
tion. (In the case of *or* consider, for
example, « *décOR ORdinaire*[*s*] *de la
Nuit, sinon que subsiste encORe* [—*hanc
horam,* stresses Derrida] *le silence d'une*

le silence d'une antique paROle pROférée
par lui [...] »; et, pour *heure,* plusieurs
fois répétée dans le texte, ces répercussions
en écho: *demEURées, demEURE, anté-*
riEURE, splendEUR, pâLEUR, jusqu'à
LUEUR et à *LEUR,* variations équivoques
de *l'heure*). Jeu double mais qui livre sa clef
dès le début, là où les deux signifiants
entrent, l'un et l'autre, en combinaison avec
le mot « rêve » (« rêverie »): *ORfÈVRERIE,*
dont la deuxième partie est une anagramme
parfaite de « rêverie », qui le précède de
quelques lignes; et *RÉVÉlatEUR.* L'instance
du signifiant préside en somme au statut
d'un « concept » qui se fait et défait de
mille manières à l'intérieur de chaînes
verbales sans cesse disloquées, sans cesse
compromises dans l'horizontalité canonique
de leur parcours.

Passons au deuxième exemple concernant le
niveau conceptuel de l'opération. Je le tire
d'un inédit mallarméen publié par Jean-Pierre
Richard dans un numéro de la *Revue*
d'Histoire littéraire de la France. Dans
ce fragment Mallarmé fixe en toutes lettres
– comme il ne l'a jamais fait ailleurs –
ce qui constitue le centre, le moteur de son
opération poétique. Richard intitule la
présentation de ce texte: *Mallarmé et le*
Rien, alors qu'il faudrait intituler le fragment:
Mallarmé et la Notion. Car il s'agit bien de
la notion: une notion-femme, non entamée,
mais qui doit l'être par « lui », tout en
restant vierge, et dont l'être se calcule à
partir de ce rien, un « ça », qui seul peut
permettre à ce « lui » de l'étreindre...

antique paROle pROférée par lui [...];
and, as for *heure,* there are to be found,
repeated in the text, these echoing
repercussions: *demEURées, demEURE,
antériEURE, splendEUR, pâlEUR,* until
finally, *LUEUR,* and *LEUR,* those equivocal
variations of *l'heure*). It may well be double
play, but its key is surrendered even at the
outset when the two signifiers make their
entrance, the one and the other, in a
combination with the word « *rêve* »
(« *rêverie* »): *ORfÈVRERIE,* whose second
part yelds a perfect anagram of « *rêverie* »,
which itself appears but a few lines before,
and *RÉVÉlatEUR.* The instance of the
signifier in effect superintends the ordinance
of a « concept » which is made and unmade
within those verbal chains, themselves ever
dislocated, ever compromised in the canonical
horizontality of their circuit.

There is, then, the second example, which
corresponds to the conceptual level of the
operation. This is taken from a fragment of
a Mallarmean text first published by
Jean–Pierre Richard in an issue of the
Revue d'Histoire littéraire de la France.
In this fragment, and in an unparalleled
way, Mallarmé spells out precisely that
which constitutes the center and the moving
force of his poetic operation. Although
Richard entitles his presentation of this text
Mallarmé et le Rien, the text itself should
be given the title *Mallarmé et la Notion.*
It should be so titled for the very reason
that it is indeed a matter of the (*la*) notion:
a notion—woman, which, unviolated as it
is, should nonetheless be so, be violated, by
« him » (« *lui* »), violated even as she
remains a virgin, she whose being is
calculated from this nothing, an « it »
(« *ça* ») which alone might allow « him »
(« *lui* ») an embrace ... So it is, roughly,

Voilà en gros, très en gros, mais fidèlement. Assez en somme pour que d'étonnantes coïncidences puissent s'établir: avec le texte sur Nietzsche, ici même, avec l'admirable méditation sur l'*hymen* dans la *Double séance*. Avec l'*entre*, aussi, qui règle, à partir d'un lieu où aucun concept ne se donne – même pas ce « concept » qui, chez Derrida, constitue la réserve sur laquelle s'enlèvent les véritables concepts – l'articulation générale du sémantique et du syntaxique. Ce ne sont là que quelques repères avant de passer au troisième exemple.

Que je tire du titre et sous-titre du deuxième chapitre d'*Igitur*. Titre: « *Il quitte sa chambre et se perd dans les escaliers* ». Sous-titre, entre parenthèses: « *au lieu de descendre à cheval sur la rampe* ». Que je sache, personne n'a, jusqu'à présent, explicité le sens de ces phrases. Le voici. De la dernière d'abord, laquelle se traduit ainsi: *au lieu de suivre la pente*. C'est-à-dire: au lieu de faire comme tout le monde, comme ont fait les « ancêtres » qui se sont bornés à suivre un tracé, à descendre à cheval sur une rampe en ligne droite, stable, assurée, toujours la même, cette ligne univoque et rapide qui mène tout droit au bout et au but, spéculation linéaire qu'on enfourche parce qu'elle est déjà là, toute faite, et que tout le monde l'a employée. Grotesque de la situation, de l'histoire de la pensée. À cheval.

« *Il se perd dans les escaliers* ». Igitur fait donc autre chose. Il descend des marches, et s'y perd. C'est-à-dire, il entreprend une marche *erratique* sur une ligne brisée (les marches), sur *plusieurs* lignes

very roughly, but faithfully. It is quite
enough to establish certain surprising
coincidences. Such as, even here, with the
text on Nietzsche; such as with the
remarkable meditation on the *hymen* in the
Double séance. Then too, with the *entre*
which, from a place where no concept (not
even that « concept » which, for Derrida,
constitutes the reserve whereon all real
concepts are erected) is given, with the
entre, which regulates the general articulation
of the semantic and the syntactic. These are
but a few references before moving onto
the third example.

This third example I take from the title
and subtitle to the third chapter of *Igitur*:
the title, « *Il quitte sa chambre et se perd
dans les escaliers*, » and the subtitle, « *au
lieu de descendre à cheval sur la rampe.* »
To my knowledge no one until now has
elucidated the meaning of these sentences.
But let us proceed from the latter of these,
this latter which means *au lieu de suivre
la pente.* This is to say: instead of doing
what everyone else does, what those
« ancestors » did who confined themselves
to following a well—laid road; instead
of descending on horseback the straight,
stable and assured, unchanging line of some
ramp, that univocal rapid line that leads
straight to the goal, straight to the end;
instead of mounting that linear speculation
for the mere reason that it is already there
and done, for the mere reason that
everyone else is using it. It is the very
grotesque of the situation and the history of
thought. And on horseback.

Il se perd dans les escaliers. But Igitur must
be doing something else. He descends the
steps and loses himself there. His is an
erratic step on a *broken* line (the steps), on
several broken lines even (the staircase)

brisées (les escaliers) qui ne mènent nulle
part. Il s'y perd. Sa pensée se refuse de
marcher en ligne droite, de suivre le sillon
linéaire déjà tracé, mais se meut en directions
multiples, multipliées, stratifiées. Pensée
de grand homme, pensée d'un *aristos* (les
escaliers d'un château, d'un noble), pensée
risquée. Il s'y perd en effet. En bas, le
poison, la fiole (le *pharmakon*): « fiole »,
anagramme de « folie ».
Et quant à la chambre, eh bien, elle peut
tout contenir: mettez-y tout.
Voilà donc un modèle possible de cette
pratique « majeure ». Et je me demande,
maintenant, autre chose. Si l'écriture tradi-
tionnelle, l'écriture logocentrique, représente
un moyen pour se mettre « à l'abri du soleil »
(comme il est dit dans *La Pharmacie de
Platon*), dont on ne peut fixer directement
la face sous peine d'aveuglement – face du
père, du bien, du capital, de l'origine etc. –,
il est évident qu'elle ne peut être que noire,
une écriture d'ombre et d'abri. Sa « clarté »
lui vient de *ce* qu'elle exclut et qui est en
dehors d'elle, soustrait, tiré hors d'elle,
séparé d'elle: le sens et la verité – auxquels
elle renvoie, pour s'en défendre, et qui sont
et ont été sans cesse au dessus d'elle, sans
commerce avec elle: entités hypostatiques.
Mais – dans *cette* écriture? dans *l'écriture*?
Dans cette écriture le sens n'est pas
ailleurs, mais se fait et défait avec elle,
et la vérité, si vérité il y a, ne peut
qu'habiter cette trace, ce sillon vide
et multiplié qui n'a ni queue ni tête. Pour
s'y détruire. Car cette écriture ne dit rien,

which lead nowhere. And so he is lost. His
thought refuses to proceed in a straight line,
refuses to follow in the well–marked linear
rut. No, it moves in directions that are
multiple, multiplied and stratified. His is
the thought of a great man, that of an
aristos (and the stairs are those of a noble's
chateau). It is a risked and risky thought.
Indeed, he is lost. There in the depths
below, there is poison, the *fiole* [phial]
(the *pharmakon*); and « *fiole* » is the anagram
of « *folie* » (madness).
As for the room, indeed it might well
contain just about everything. Why don't
you put everything in it?
Hence we have a model for this « major »
practice. But now I'm wondering about
something else. I'm wondering if traditional
logocentric writing represents a means (as
it is said in *La Pharmacie de Platon*) for
taking « shelter from the sun » whose face
(the face of the father, of good, of capital,
of the origin, etc.) cannot, on pain of
blindness, be directly stared at. Because if
so, if writing does represent such a means,
then it is evident that the writing can
be nothing but black, a shadow–writing,
writing for protection. Its « clarity » derives
from *that* which it excludes, that which is
withdrawn, removed, outside of it, which
is separate. This is meaning and truth.
It refers to these in self–defense, yet they
are and have ever been beyond it. Hypostatic
entities, these maintain no relations with
writing.
But as for *this* writing? As for *writing?*
Here the meaning is not someplace else, but
with writing it is made and unmade. And
if there is such a thing as truth, then this
truth too can reside only in the imprint
of an empty multiplied furrow which is both
headless and tailless. It resides there that

mais bien mêle et confond, pousse sur les
marges ce qu'elle dit, s'empare des marges
pour que rien ne se fixe là. C'est une écriture
obscure, qui efface ce qu'elle trace, qui
disperse ce qu'elle dit. Elle ne met à l'abri
de rien, elle expose plutôt. Voilà pourquoi
elle est une écriture blanche.
Dehors: la nuit, l'absence du soleil, le
meurtre du père. C'est une écriture parricide,
qui a refusé de s'aveugler aussi bien que de
se mettre à l'abri. C'est une écriture nocturne, et cela signifie: blanche. Blanc sur noir,
dissémination stellaire, galaxies. « *Tout se
met à fonctionner non plus en soleil mais
en étoile* ». À partir d'un centre invisible,
mais qu'on peut fixer en face, le sens, la
semence, rayonne et se perd.

Tout cela, aussi, dans *Éperons*, qui sont
encore des coups, des coups de style. Toutefois, dans ce texte, peut-être, il y a plus
– ou moins. Car il s'agit d'un texte qui
« dit » ailleurs que là où il « parle ». Ce qu'il
parle – les phrases explicites, les énoncés
directs de son « discours » –, ce n'est
jamais ce qu'il dit, ou, du moins, pas tout à
fait ce qu'il dit. Le sens, quel sens?, se meut
le long d'une couche dont il ne reste rien
à la surface. Ou fort peu de chose: un
fragment, une épave – peut-être le mât
dévêtu d'un voilier, résumé total du naufrage.
Je pense à la machinerie du rêve (nous sommes toujours dans la métaphore de la nuit,
dans son centre). Dans le rêve un mot, un
objet, souvent en remplace un autre avec

it should destroy itself there. This writing
says nothing, but only confuses and
confounds. It forces what it says into the
margins and then seizes upon these margins
in such a way that nothing may settle there.
This writing is of an obscure sort, the
sort that obliterates what it imprints and
disperses what it says. It shelters nothing.
Rather it exposes. And for this reason it is
a white writing.
But outside there is the night, the absent
sun, the father's murder. This writing is
a parricidal writing. It has refused not only
to be blinded, but even to take shelter.
This nocturnal writing, then, must be white.
White on black, stellar dissemination,
and galaxies. « *Tout se met à fonctionner
non plus en soleil mais en étoile.* » From an
invisible center (but one whose face can be
stared at) the meaning and the seed radiate
and are lost.

There is all of this in *Éperons*. For these
too are *coups*: they are *coups de style*
(stylistic blows of effects). Still, in this text,
there is perhaps something more—or less.
And that because this is a text that « says »
in some place other than it is « speaking. »
What it is speaking are explicit phrases
and direct statements of its « discourse. »
And these are never what it is saying,
or at least not quite. The meaning (what
meaning?) moves along a stratum where
there is nothing left of the surface, or if
there is, it is very little. There may be
a fragment or a scrap of jetsam; perhaps
there is the bare mast of a sailing ship, the
sole and entire evidence of its shipwreck.
I have in mind here the dream machinery
(for we are still at the very center of the
metaphor of night). In the dream a word
or object often replaces another to which

lequel il n'a aucun rapport (ni de genre, ni d'espèce, ni de ressemblance: ce n'est donc pas une métaphore, du moins selon Aristote): l'un, pourtant, signifie l'autre. Une chaîne de mots (d'objets) faux, recoupe une autre chaîne, absente, qui est censée être la « vraie », qui représente la « vérité » en la cachant et en se cachant. Mais ici, même si l'écriture est *toujours* nocturne, il s'agit d'une machinerie de veille. Elle se distingue du travail du rêve par des « pointes » – des flèches – soigneusement lancées et appliquées, qui rejoignent, pour la crever, cette surface plane, lisible qu'est ce texte, ce « discours » lisible, facile, exposé.

Là où le discours se rompt par l'émergence pointue d'un de ces dards, vous pourrez peut-être entrevoir le fond (sans fond) où l'action de ce dire se passe et est menée. Trouvez les styles.

P.S. Faudra-t-il justifier le mimétisme de ces pages? Oui, s'il s'agissait – quant à leur objet – de « littérature » ou de « philosophie », à savoir, somme toute, d'un « discours ». Non ici, où le texte (l'objet) ne donne rien en dehors de soi. Parler du « texte » de Derrida, ne peut revenir qu'à le redire, qu'à le prolonger. Comme dans le cas présent, justement. Où le texte, le mien, prolonge l'autre jusqu'à en répéter, épave aimantée et remémorative dans le sillon d'un navire, le souci d'un *post-scriptum.*

Juin 1973   Stefano Agosti

it has no relation whatever. (And since it has
no such relation, either of genus, species,
or resemblance, it must not be a metaphor,
at least in Aristotelian terms.) Yet the one
signifies the other. One chain of false words
(objects) intersects another, absent, chain,
which is supposed to be « true » one,
the one that represents the « truth » even
as it conceals both this truth and itself.
But although it is *always* nocturnal, this
writing is nonetheless a vigilant machinery.
It is distinguished from dreamwork by
« points », arrows which are carefully shot
and implanted. Precisely in order to stave it
in, these rejoin the flat readable surface of
the text, this readable, facile and exposed
« discourse. »
And at that point where the discourse is
broken off by the sharp emergence of one
of these darts, you just perhaps might catch
a glimpse of its (unfounded) foundation,
there where the action of this statement takes
place and is placed. Find the styles.

P.S. Is one obliged to justify the mimesis
of these pages? If it were a case (as far
as the object is concerned) of « literature »
or « philosophy », of a « discourse », then
indeed yes, one would be so obliged. But
since in this case the text (the object) offers
nothing outside itself, then the answer is
no. If one is going to speak of Derrida's
« text », one can, finally, but re–state it,
only prolong it. This is precisely the case
here. Here the text, my text that is,
prolongs that other to the point of repeating
it, to the point where this, my text, is a
bit of magnetized and commemorative
jetsam, tossing in the wake of a ship, the
solicitude of a *post-scriptum.*

June 1973   Stefano Agosti

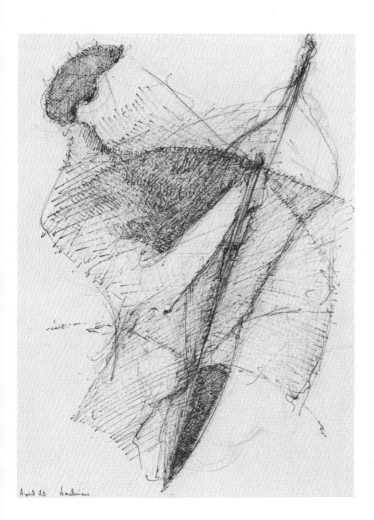

Avril 73   Doubrienne.

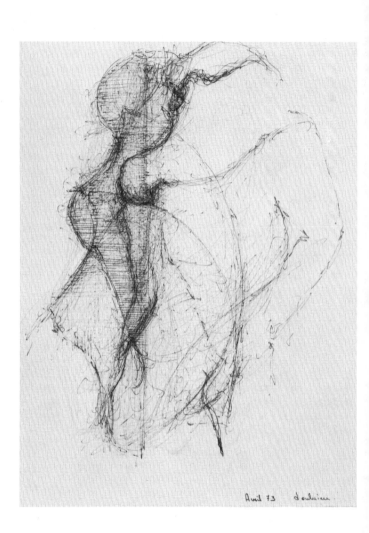

Avril 73 douleur

Avril 23   doubieu

Avril 73   Soulevin

Éperons
Les Styles de Nietzsche

Spurs
Nietzsche's Styles

Depuis Bâle, en soixante douze (Naissance de la tragédie), Nietzsche écrit à Malvida von Meysenbug.

Je découpe, dans sa lettre, les formes d'un exergue – erratique.
« ... *finalement le petit paquet à vous destiné* [ou le petit pli: *mein Bündelchen für sie.* Saura-t-on jamais ce qui fut ainsi entre eux nommé?] *se trouve prêt et finalement vous m'entendrez de nouveau après que j'ai dû paraître avoir sombré dans un vrai silence de tombe (Grabesschweigen) ... nous aurions pu fêter une rencontre du genre de notre concile bâlois (Basler Konzil) dont je garde le souvenir au coeur ... La troisième semaine de novembre et pour huit jours on m'annonce une visite seigneuriale (ein herrlicher Besuch) – ici, à Bâle! La 'visite en soi' (der 'Besuch an sich'), Wagner mit Frau, Wagner et sa femme. Ils font une grande tournée au cours de laquelle ils veulent voir tous les théâtres importants d'Allemagne mais aussi, à l'occasion, le célèbre* DENTISTE *de Bâle auprès de qui je contracte donc une lourde dette de reconnaissance (dem ich also sehr viel Dank schulde).* [Dans cette longue lettre, *dentiste* est l'un des trois seuls mots soulignés] ... *Je suis parvenu en effet, avec ma* Naissance de la tragédie, *à devenir aujourd'hui le philologue le plus indécent* [le plus scabreux, *der anstößigste Philologe des Tages] et à faire de la tâche de ceux qui voudraient s'allier avec moi un vrai prodige de témérité, tant on est unanime à me faire connaître ma sentence de mort (über mich den Stab zu brechen)* »
(7 novembre 1872).

La question du style
Le titre retenu pour cette séance aura été *la question du style*.[1]

34

From Basel in seventy two (The Birth of
Tragedy) Nietzsche writes to Malvida von
Meysenbug.

From this, Nietzsche's letter, I shall snip
out the bits and pieces of an erratic exergue.
« . . . *At last my little bundle* (or the little
envelope (*pli*): *mein Bündelchen für Sie.
Will it ever be revealed, what was thus* named
between them?) *is ready for you, and
at last you hear from me again, after it
must have seemed I had sunk into a dead
silence* (*Grabesschweigen*) . . . [*we*] *could
have celebrated a reunion like that of the
Council of Basel* (*Basler Konzil*), *which I
recall with warm memories . . . For the third
week in November, and for eight days,
a glorious visit has been announced* (*ein
herrlicher Besuch*)—*here in Basel! The*
« *visit in itself* », '*der Besuch an sich*'—
*Wagner mit Frau, Wagner and wife. They
are on the grand tour, intending to touch
on every main theater in Germany, on this
occasion including the famous Basel*
« DENTIST » *to whom I owe a debt of thanks
(dem ich also sehr viel Dank schulde).*
[*dentist* is one of the three words underlined
in this long letter] . . . *You see, my* Birth
of Tragedy *has made of me the most
offensive* [the most scabrous] *philologist
of the present day* [*der anstößigste Philologe
des Tages*], *to defend whom could be a
true marvel of courage, for everyone is of
a mind to condemn me* (*über mich den
Stab zu brechen*). »
(7 November 1872).

The question of style
The title for this lecture was to have been
the question of style.[1]

Mais – la femme sera mon sujet.

Il resterait à se demander si cela revient au
même – ou à l'autre.

La « question du style », sans doute l'avez-
vous reconnue, c'est une citation.

J'ai voulu marquer que je n'avancerai rien
ici qui n'appartienne à l'espace dégagé au
cours de ces deux dernières années par des
lectures qui ouvrent une phase nouvelle
dans un procès d'interprétation déconstruc-
trice, c'est-à-dire affirmative.

Si je ne cite pas ces travaux[2] auxquels je
dois beaucoup, pas même *Versions du soleil*
qui me donne ce titre, ouvrant le champ
problématique et jusqu'à la marge dans
laquelle, à telle dérive près, je me tiendrai,
ce ne sera ni par omission ni par présomption
d'indépendance. Plutôt pour ne pas frag-
menter la dette et pour la présupposer à
chaque instant en sa totalité.

Distances

La question du style, c'est toujours l'examen,
le pesant d'un objet pointu. Parfois seulement d'une plume. Mais aussi bien d'un
stylet, voire d'un poignard. A l'aide desquels
on peut, certes, attaquer cruellement ce à
quoi la philosophie en appelle sous le nom
de matière ou de matrice, pour y enfoncer
une marque, y laisser une empreinte ou une
forme, mais aussi pour repousser une forme
menaçante, la tenir à distance, la refouler,
s'en garder – se pliant alors ou repliant, en
fuite, derrière des voiles.

However—it is woman who will be my subject.

Still, one might wonder whether that doesn't really amount to the same thing—or is it to the other.

The « question of style » is, as you have no doubt recognized, a quotation.

Thus it serves to indicate that what I shall put forth here is already a part of that space which certain readings, in launching a new phase in the process of deconstructive (i.e. affirmative) interpretation, have de—marcated during the last two years.

I owe these readings a great debt and it is neither through omission nor in a spirit of presumptuous independence that I do not refer to them individually[2] (not even to *Versions du soleil* which provided the title for this text). But, because they have opened up that problematic field to the very margin in which (aside from those moments when I deviate from it) I shall remain, that debt itself should not be fragmented here, but at each moment presupposed in its totality.

Distances

In the question of style there is always the weight or *examen* of some pointed object. At times this object might be only a quill or a stylus. But it could just as easily be a stiletto, or even a rapier. Such objects might be used in a vicious attack against what philosophy appeals to in the name of matter or matrix, an attack whose thrust could not but leave its mark, could not but inscribe there some imprint or form. But they might also be used as protection against the threat of such an attack, in order to keep it at a distance, to repel it—as one bends or recoils before its force, in flight, behind veils and sails (*des voiles*).

Laissons l'élytre flotter entre masculin et
féminin. Notre langue nous en assure la
jouissance pourvu qu'on n'articule pas.
Et quant aux voiles, nous y sommes,
Nietzsche aura pratiqué tous les genres.
Le style s'avancerait alors comme l'*éperon*,
celui par exemple d'un vaisseau voilé: le
rostrum, cette saillie qui va au devant, brise
l'attaque à fendre la surface adverse.
Encore, toujours en termes de marine, cette
pointe de rocher qu'on appelle aussi éperon
et qui « rompt les lames à l'entrée d'un
havre ».
Le style peut donc *aussi* de son éperon
protéger contre la menace terrifiante,
aveuglante et mortelle (de ce) qui se *présente*, se donne à voir avec entêtement:
la présence, donc, le contenu, la chose même,
le sens, la vérité – à moins que ce ne soit
déjà l'abyme défloré en tout ce dévoilement
de la différence. *Déjà*, nom de ce qui s'efface
ou d'avance se soustrait, laissant néanmoins
une marque, une signature soustraite dans
cela même dont il se retire – l'ici présent –
dont il faudrait tenir compte. Ce que je
ferai, mais cette opération ne se laisse
simplifier ni effiler d'un seul coup.
L'éperon, en francique ou haut-allemand

But let us leave this elytron to float
between the masculine and the feminine.
Our tongue, in any case, promises us such
a pleasure, provided at least that we do
not articulate.[3]
And as far as sails and veils are concerned,
now that we have happened into them,
Nietzsche must have been familiar with all
genres.
Thus the style would seem to advance in
the manner of a *spur* of sorts (*éperon*).
Like the prow, for example, of a sailing
vessel, its *rostrum*, the projection of the
ship which surges ahead to meet the sea's
attack and cleave its hostile surface.
Or yet again, and still in nautical
terminology, the style might be compared
to that rocky point, also called an *éperon*,
on which the waves break at the harbor's
entrance.
So, it seems, style also uses its spur (*éperon*)
as a means of protection against the
terrifying, blinding, mortal threat (of that)
which *presents* itself, which obstinately
thrusts itself into view. And style thereby
protects the presence, the content, the
thing itself, meaning, truth—on the
condition at least that it should not *already*
(*déjà*) be that gaping chasm which has been
deflowered in the unveiling of the difference.
Already (*déjà*), such is the name for what
has been effaced or subtracted beforehand,
but which has nevertheless left behind a
mark, a signature which is retracted in that
very thing from which it is withdrawn.
Withdrawn from the here and now, the
here and now which must be accounted for.
Which I am going to account for. But such
an operation cannot be simplified, nor can
its fine point be honed in a single stroke
(*d'un seul coup*).
The *éperon*, which is translated *sporo* in

sporo, en gaelique *spor*, cela se dit en anglais *spur*. Dans *Les mots anglais*, Mallarmé le rapproche de *spurn*, mépriser, repousser, rejeter avec mépris. Ce n'est pas une fascinante homonymie, mais d'une langue à l'autre l'opération d'une nécessité historique et sémantique: le *spur* anglais, l'éperon, est le « même mot » que le *Spur* allemand: trace, sillage, indice, marque.

Le style éperonnant, l'objet long, oblong, arme de parade autant qu'il perfore, la pointe oblongifoliée tenant sa puissance apotropaïque des tissus, toiles, voiles qui se bandent, se ploient ou déploient autour d'elle, c'est aussi, ne pas l'oublier, le parapluie.

Par exemple, mais ne pas l'oublier.

Et pour insister sur ce qui imprime la marque de l'éperon stylé dans la question de la femme — je ne dis pas, selon la locution si souvent reçue, la *figure de la femme,* — il s'agira ici de la voir *s'enlever*, la question de la figure étant à la fois ouverte et fermée par ce qui s'appelle la femme —; pour annoncer aussi, dès maintenant, ce qui règle le jeu des voiles (par exemple d'un navire) sur l'angoisse apotropaïque; pour laisser enfin paraître quelque échange entre le style et la femme de Nietzsche, voici quelques lignes du *Gai savoir*, depuis la belle traduction de Pierre Klossowski.

« *Les femmes et leur opération à distance (ihre Wirkung in die Ferne).*

« Ai-je encore des oreilles? Ne suis-je plus qu'oreille et rien de plus?

Frankish or High German, *spor* in Gaelic,
is pronounced *spur* in English. In *Les
mots anglais* Mallarmé relates it to the verb
to spurn, that is, to disdain, to rebuff, to
reject scornfully. Although this may not be
a particularly fascinating homonym, there is
still a necessary historic and semantic
operation from one language to the other
evident in the fact that the English *spur*,
the *éperon*, is the « same word » as the
German *Spur*: or, in other words, trace,
wake, indication, mark.

The style-spur, the spurring style, is a long
object, an oblong object, a word, which
perforates even as it parries. It is the
oblongi—foliated point (a spur or a spar)
which derives its apotropaic power from
the taut, resistant tissues, webs, sails and
veils which are erected, furled and unfurled
around it. But, it must not be forgotten,
it is also an umbrella.

For example, but it must not be forgotten.
And so, by way of an emphasis on what
impresses the mark of the stylate spur in the
question of the woman (note that this is
not (according to a well—turned phrase)
the woman's figure. It is not the figure
of the woman precisely because we shall
bear witness here to her *abduction*, because
the question of the figure is at once opened
and closed by what is called woman); by
way also of an announcement of what will
henceforth regulate the play of the sails (of
a ship, for example) around the apotropaic
anxiety; and finally, by way of a first glimpse
of some exchange between Nietzsche's style
and Nietzsche's woman ... these lines
from *Joyful Wisdom*:
« *Women and Their Effect in the Distance
(ihre Wirkung in die Ferne).*
« Have I still ears? Am I only ear, and
nothing else besides?

[Toutes les interrogations de Nietzsche, celles de la femme en particulier, sont enroulées dans le labyrinthe d'une oreille, et à peine plus loin, dans le *Gai Savoir (Die Herrinnen der Herren, Les maîtresses des maîtres)*, un rideau ou une tenture, une toile (*Vorhang*) se lève (« *sur des possibilités auxquelles nous ne croyons pas d'ordinaire* ») quand s'élève telle voix d'alto profonde et puissante (*eine tiefe mächtige Altstimme*) qui semble, comme le meilleur de l'homme dans la femme (*das Beste vom Manne*), surmonter la différence des sexes (*über das Geschlecht hinaus*) et incarner l'idéal. Mais quant à ces voix de contralto « représentant l'amant viril idéal, Roméo par exemple », Nietzsche dit sa réserve: « On ne croit pas à de *tels* amants: ces voix ont toujours une teinte maternelle et de maitresse de maison, avec d'autant plus de force que l'amour est dans leur intonation ».]

« Ne suis-je plus qu'oreille et rien de plus? Au milieu de l'ardeur du ressac [jeu de mot intraduisible, comme on dit: *Hier stehe ich inmitten des Brandes der Brandung. Brandung*, en affinité avec l'embrasement de *Brand*, qui signifie aussi la marque au fer rouge, c'est le ressac, comme le traduit justement Klossowski, le retour sur elles-mêmes des vagues quand elles rencontrent des chaînes de rochers ou qu'elles se brisent sur les écueils, les falaises, les éperons, etc.] dont l'écumeux retour de flammes blanches jaillit jusqu'à mes pieds [donc je suis aussi l'éperon] – ce ne sont que hurlements, menaces, cris stridents qui m'assaillent, tandis que dans son antre le plus profond l'antique ébranleur de la terre chante sourdement son air [son aria, *seine Arie singt*, Ariane n'est pas si loin] comme un mugissant taureau: ce faisant, de son pied d'ébranleur, il bat une mesure telle qu'en

[All of Nietzsche's investigations, and in particular those which concern woman, are coiled in the labyrinth of an ear. Thus, a little further on in *Joyful Wisdom* (*Die Herrinen der Herren, The Mistresses of Masters, 70*), a tapestry or curtain (*Vorhang*) rises (« *on possibilities in which we usually do not believe* ») at the sound of a powerful contralto voice (*eine tiefe mächtige Altstimme*). This voice, like the best of man (*das Beste vom Manne*) to be found in woman, appears to transcend the difference between the sexes (*über das Geschlecht hinaus*) and incarnate the ideal. Concerning these contralto voices, which « represent the ideal male lover, for example, a Romeo, » Nietzsche, however, expresses a certain reserve: « People do not believe in *these* lovers; these voices still contain a tinge of the motherly and housewifely character, and most of all when love is in their tone. »]
« Am I only ear, and nothing else besides? Here I stand in the midst of the surging of the breakers, [this is an untranslatable play on words: *Hier stehe ich inmitten des Brandes der Brandung. Brandung* is related to the conflagration expressed in *Brand* which itself also signifies the mark left by a burning branding iron. It is the seething surf, the waves rolling back over themselves as they crash against the rocky shoreline or break on the reefs, the cliffs, the *éperons,*] whose white flames fork up to my feet [so I too am an *éperon*];—from all sides there is howling, threatening, crying, and screaming at me, while in the lowest depths the old earth shaker sings his aria [*seine Arie singt,* beware, Ariane is not far away] hollow like a roaring bull; he beats such an earth shaker's measure thereto, that even the hearts of these weathered rock—monsters

tremble le coeur des démons de ces roches
effritées. Alors, comme surgi du néant, aux
portes de cet infernal labyrinthe, apparaît,
distant seulement de quelques brasses, un
grand voilier (*Segelschiff*) qui passe, d'un
silencieux glissement fantômal. Ô fantômale
beauté! Quel enchantement n'exerce-t-elle
pas sur moi? Quoi? cet esquif [Klossowski
concentre ici d'un mot – esquif – toutes les
chances de « *sich hier eingeschifft* »] emporte-
rait-il le repos taciturne du monde? Ma propre
félicité assise là-bas, à cette place tranquille,
mon moi plus heureux, mon second moi-
même éternisé? Pas encore mort, mais ne
vivant déjà plus? Glissant et flottant, être
intermédiaire (*Mittelwesen*), spectral, silencieux et visionnaire? Semblable au navire qui
de ses voiles blanches plane au-dessus de la
mer comme un gigantesque papillon? Ah,
planer *au-dessus* de l'existence (*Über das
Dasein hinlaufen!*) C'est cela, c'est cela qu'il
faudrait! – ce tumulte (*Lärm*) a-t-il donc
fait de moi un fantasque (*Phantasten*)?
Toute grande agitation (*Lärm*) nous porte à
imaginer la félicité dans le calme et dans
le lontain (*Ferne*). Lorsqu'un homme en proie
à *son propre* tumulte (*Lärm*) se trouve au
milieu du ressac (*Brandung*, encore) de ses
« jets » et projets (*Würfen und Entwürfen*):
sans doute voit-il alors aussi des êtres
enchanteurs et silencieux glisser devant lui,
dont il convoite la félicité et la retraite
(*Zurückgezogenheit*: le repli en soi) – *ce
sont les femmes (es sind die Frauen).*
Il aime à croire que là-bas, auprès des femmes, habiterait son meilleur moi (*sein besseres Selbst*): à ces places tranquilles le plus
violent tumulte (*Brandung*) s'apaiserait en
un silence de mort (*Totenstille*) et la vie
deviendrait le rêve même de la vie (*über
das Leben*).»
[Le fragment précédent, *Wir Künstler!*,

tremble at the sound. Then, suddenly, as if
born out of nothingness, there appears before
the portal of this hellish labyrinth, only a
few fathoms distant,—a great sailing ship
(*Segelschiff*) gliding silently along like a
ghost. Oh, this ghostly beauty! With what
enchantment it seizes me! What? Has all
the repose and silence in the world embarked
here (*sich hier eingeschifft*)? Does my
happiness itself sit in this quiet place, my
happier ego, my second immortalized self?
Still not dead, but also no longer living?
As a ghost—like, calm, gazing, gliding,
sweeping neutral being (*Mittelwesen*)?
Similar to the ship, which, with its white
sails, like an immense butterfly, passes over
the dark sea! Yes! Passing over existence!
(*Über* das Dasein hinlaufen!) That is it!
That would be it!—It seems that the noise
(*Lärm*) here has made me a visionary
(*Phantasten*)? All great noise (*Lärm*) causes
one to place happiness in the calm and in
the distance (*Ferne*). When a man is in the
midst of his hubbub (*Lärm*), in the midst of
the breakers (again *Brandung*) of his plots
and plans, (*Würfen und Entwürfen*) he
there sees perhaps calm, enchanting beings
glide past him, for whose happiness and
retirement (*Zurückgezogenheit*: withdrawing
in oneself) he longs—*they are women* (*es sind
die Frauen*). He almost thinks that there
with the women dwells his better self (*sein
besseres Selbst*); that in these calm places
even the loudest breakers (Brandung)
become still as death (*Totenstille*), and life
itself a dream of life (*über das Leben*). »
[The preceding fragment, *Wir Künstler!*,
We Artists, which began with « When we

Nous autres artistes, qui commençait par
« Quand nous aimons une femme », décrit
le mouvement qui emporte *simultanément*
le risque somnambulique de la mort, le rêve
de mort, la sublimation et la dissimulation
de la nature. La valeur de dissimulation ne
se dissocie pas du rapport de l'art à la femme: « . . . viennent sur nous l'esprit et la
force du rêve, et voici que nous montons
par les voies les plus dangereuses à yeux
ouverts, insensibles à tout risque, sur les
toits, sur les falaises et sur les tours de la
fantasie (*Phantasterei*), sans le moindre
vertige, nés que nous sommes pour grimper
– nous autres somnambules du jour (*wir
Nachtwandler des Tages*)! Nous autres artistes! Nous autres dissimulateurs de la nature
(*wir Verhehler der Natürlichkeit*)! Nous
autres lunatiques et chercheurs de Dieu (*wir
Mond- und Gottsüchtigen*)! Nous autres
voyageurs au silence de mort, voyageurs
infatigables (*wir totenstillen, unermüdlichen
Wanderer*), sur des hauteurs que nous ne
discernons pas comme hauteurs, que nous
prenons pour nos plaines, pour nos certitudes! »]
« Pourtant! Pourtant! noble exalté, même
sur les plus beaux voiliers il n'est pas moins
de rumeur et de vacarme (*Lärm*), et malheu-
reusement tant de pitoyable vacarme (*kleinen erbärmlichen Lärm*)! Le charme le plus
puissant des femmes (*der Zauber und die
mächtigste Wirkung der Frauen*), c'est de le
faire sentir au loin (*eine Wirkung in die
Ferne*, une opération à distance), et pour
parler le langage des philosophes, c'est une
actio in distans: mais pour cela il faut tout
d'abord et avant tout – de la *distance*! (*dazu
gehört aber, zuerst und vor allem* – Distanz!) ».

Voiles
Sous quel pas s'ouvre cette *Dis-tanz*?
L'écriture de Nietzsche déjà la mime, d'un

love a woman,» describes a *simultaneous* movement of the somnambulistic risk of death, death's dream, sublimation and the dissimulation of nature. The value of dissimulation marked in this movement is not at all extraneous to the relation between art and woman: «...the spirit and the power of dream come over us, and we ascend, with open eyes and indifferent to all danger, the most dangerous path, to the roofs and towers of fantasy (*Phantasterei*), and without any giddiness, as persons born for climbing—we the night—walkers by day (*wir Nachtwandler des Tages*)! We artists! We concealers of naturalness (*wir Verhehler der Natürlichkeit*)! We Moon-struck and Godstruck ones! (*wir Mond- und Gottsüchtigen*) We death—silent, untiring wanderers (*wir totenstillen, unermüdlichen Wanderer*) on heights which we do not see as heights, but as our plains, as our places of safety!»]

«But still! But still! my noble enthusiast, there is also in the most beautiful sailing ship so much noise and bustling (*Lärm*), and alas, so much petty, pitiable bustling (*kleinen erbärmlichen Lärm*)! The enchantment and the most powerful effect of woman (*der Zauber und die mächtigste Wirkung der Frauen*), is, to use the language of philosophers, an effect at a distance (*eine Wirkung in die Ferne*), an *actio in distans*; there belongs thereto, however, primarily and above all—distance! (dazu gehort aber, und vor allem—*Distanz!*)».

Veils
What is the opening step of that *Dis-tanz?* Its rhythm already is mimed in Nietzsche's writing. The hyphen, a stylistic effect inserted *between* the Latin citation (*actio in distans*) which parodies the philosopher's language

effet de style écarté *entre* la citation latine
(*actio in distans*) parodiant le langage des
philosophes *et* le point d'exclamation, le tiret
suspendant le mot *Distanz*: qui nous invite
d'une pirouette ou d'un jeu de silhouette à
nous tenir au loin de ces voiles multiples
qui nous font rêver de mort.
La séduction de la femme opère à distance,
la distance est l'élément de son pouvoir.
Mais de ce chant, de ce charme il faut se tenir
à distance, il faut se tenir à distance de la
distance, non seulement, comme on pourrait le croire, pour se garder contre
cette fascination, mais aussi bien pour
l'éprouver. *Il faut* la distance (qui
faut), il faut se tenir à distance (*Distanz*!),
ce dont nous manquons, ce que nous manquons de faire et cela ressemble aussi à un
conseil d'homme à homme: pour séduire
et pour ne pas se laisser séduire.
S'il faut se tenir à distance de l'opération
féminine (de l'*actio in distans*), ce qui ne
revient pas à s'approcher simplement, sauf à
risquer la mort *elle-même*, c'est que « la
femme » n'est peut-être pas quelque chose,
l'identité déterminable d'une figure qui, elle,
s'annonce à distance, à distance d'autre
chose, et dont il y aurait à s'éloigner ou à
s'approcher. Peut-être est-elle, comme non-
identité, non-figure, simulacre, l'*abîme* de la
distance, le distancement de la distance,
la coupe de l'espacement, la distance elle-
même si l'on pouvait encore dire, ce qui est
impossible, la distance *elle-même*. La
distance se distance, le loin s'éloigne. Il
faudrait recourir ici à l'usage heideggerien
du mot *Entfernung*: à la fois l'écartement,
l'éloignement et l'éloignement de l'éloignement, l'éloignement du lointain, l'é-loigne-

and the exclamation point, suspends the word *Distanz*. The play of silhouettes which is created here by the hyphen's pirouette serves as a sort of warning to us to keep our distance from these multifarious veils and their shadowy dream of death.

A woman seduces from a distance. In fact, distance is the very element of her power. Yet one must beware to keep one's own distance from her beguiling song of enchantment. A distance from distance must be maintained. Not only for protection (the most obvious advantage) against the spell of her fascination, but also as a way of succumbing to it, that distance (which is lacking) *is necessary. Il faut* la distance (qui faut).) It is necessary to keep one's distance (*Distanz*)! Which failing us, we fail to do. Such might also be the advice of one man to another: a sort of scheme for how to seduce without being seduced.

If it is necessary to keep one's distance from the feminine operation, from the *actio in distans* (to mistake this necessity for just another « approach », however, would be at the risk of death *itself*), it is perhaps because the « woman » is not a determinable identity. Perhaps woman is not some thing which announces itself from a distance, at a distance from some other thing. In that case it would not be a matter of retreat and approach. Perhaps woman—a non—identity, a non-figure, a simulacrum— is distance's very chasm, the out-distancing of distance, the interval's cadence, distance itself, if we could still say such a thing, distance *itself*. Distance out-distances itself. The far is furthered. One is forced to appeal here to the Heideggerian use of the word *Entfernung*: at once divergence, distance and the distantiation of distance, the deferment of the distant, the de-ferment,

ment, la destruction (*Ent-*) constituante du loin comme tel, l'énigme voilée de la proximation.

L'ouverture écartée de cette *Entfernung* donne lieu à la vérité et la femme s'y écarte d'elle-même.

Il n'y a pas d'essence de la femme parce que la femme écarte et s'écarte d'elle-même. Elle engloutit, envoile par le fond, sans fin, sans fond, toute essentialité, toute identité, toute propriété. Ici aveuglé le discours philosophique sombre — se laisse précipiter à sa perte. Il n'y a pas de vérité de la femme mais c'est parce que cet écart abyssal de la vérité, cette non-vérité est la « vérité ». Femme est un nom de cette non-vérité de la vérité.

Je soutiens cette proposition de quelques textes, parmi beaucoup d'autres.

D'une part, Nietzsche reprend à son compte, sur un mode que nous aurons à qualifier, cette figure à peine allégorique: la vérité comme femme ou comme le mouvement de voile de la pudeur féminine. Un fragment rarement cité développe la complicité, plutôt que l'unité, de la femme, de la vie, de la séduction, de la pudeur et de tous les effets de voile (*Schleier, Enthüllung, Verhüllung*). Problème redoutable de ce qui ne se dévoile qu'une fois, *das enthüllt sich uns einmal.* En voici seulement les dernières lignes: « ... car la réalité non divine ne nous donne absolument pas le Beau ou elle ne l'accorde qu'une seule fois! Je veux dire que le monde abonde de belles choses, mais n'en est pas moins pauvre, très pauvre en beaux instants et en belles révélations (*Enthüllungen*) de pareilles choses. Mais peut-être cela fait-il le charme (*Zauber*) le plus puissant de la vie: elle est couverte d'un voile tissé d'or (*golddurchwirkter Schleier*), un voile de belles possibilités, qui

it is in fact the annihilation (*Ent-*) which constitutes the distant itself, the veiled enigma of proximation.

The remote proximity in *Entfernung*'s outbreak gives way to truth, and here, woman too, of herself, averts.

There is no such thing as the essence of woman because woman averts, she is averted of herself. Out of the depths, endless and unfathomable, she engulfs and distorts all vestige of essentiality, of identity, of property. And the philosophical discourse, blinded, founders on these shoals and is hurled down these depthless depths to its ruin. There is no such thing as the truth of woman, but it is because of that abyssal divergence of the truth, because that untruth is « truth. » Woman is but one name for that untruth of truth.

On the one hand (and in a way which will have to be qualified) Nietzsche revives that barely allegorical figure (of woman) in his own interest. For him, truth is like a woman. It resembles the veiled movement of feminine modesty. Their complicity, the complicity (rather than the unity) between woman, life, seduction, modesty—all the veiled and veiling effects (*Schleier, Enthüllung, Verhüllung*)—is developed in a rarely quoted fragment of Nietzsche's. It is a deadly problem: that which reveals itself but once (*das enthüllt sich uns einmal*). Thus the final lines: « . . . for ungodly activity does not furnish us with the beautiful at all, or only does so once! I mean to say that the world is overfull of beautiful things, but it is nevertheless poor, very poor, in beautiful things. But perhaps this is the greatest charm (*Zauber*) of life: it puts a golden-embroidered veil (*golddurchwirkter Schleier*) of lovely potentialities over itself, promising, resisting, modest,

lui donne une allure prometteuse, réticente, pudique, ironique, apitoyée, séduisante. Oui, la vie est femme! »

Mais d'autre part, à cette vérité qui est femme, le philosophe qui *croit,* crédule et dogmatique, à la vérité comme à la femme, n'a rien compris. Il n'a rien compris ni à la vérité ni à la femme. Car si la femme *est* vérité, *elle* sait qu'il n'y a pas la vérité, que la vérité n'a pas lieu et qu'on n'a pas la vérité. Elle est femme en tant qu'elle ne croit pas, elle, à la vérité, donc à ce qu'elle est, à ce qu'on croit qu'elle est, que donc elle n'est pas.

Ainsi opère la distance lorsqu'elle dérobe l'identité propre de la femme, désarçonne le philosophe cavalier, à moins que celui-ci ne reçoive de la femme elle-même deux éperons, coups de style ou coups de poignard dont l'échange brouille alors l'identité sexuelle: « Que quelqu'un ne puisse se défendre et par conséquent ne veuille non plus le faire, voilà, à nos yeux, qui ne serait point pour lui un sujet de honte: mais nous n'avons guère d'estime pour qui n'a ni la faculté ni la volonté de se venger – peu importe qu'il s'agisse d'un homme ou d'une femme. Est-ce qu'une femme pourrait nous retenir (ou comme on dit, nous « fasciner ») dont on n'imaginerait pas, le cas échéant, qu'elle sache manier le poignard (n'importe quel genre de poignard, *irgendeine Art von Dolch) contre nous?* – ou bien contre elle-même: ce qui dans certains cas constituerait une vengeance plus sensible (la vengeance chinoise) » (69). La femme, la maîtresse, la maîtresse femme de Nietzsche ressemble parfois à Penthésilée. (Avec Shakespeare, Kleist est cité, dans la *Volonté de puissance*, à propos de la violence infligée au lecteur et du « plaisir de la dissimulation ». Kleist avait aussi

mocking, sympathetic, seductive. Yes, life
is a woman! »
But, on the other hand, the credulous and
dogmatic philosopher who *believes* in the
truth that is woman, who believes in truth
just as he believes in woman, this philosopher
has understood nothing. He has understood
nothing of truth, nor anything of woman.
Because, indeed, if woman *is* truth, *she* at
least knows that there is no truth, that
truth has no place here and that no one
has a place for truth. And she is woman
precisely because she herself does not believe
in truth itself, because she does not believe
in what she is, in what she is believed
to be, in what she thus is not.
In its maneuvers distance strips the lady
of her identity and unseats the philosopher-
knight. That is, if he has not already been
twice-spurred by the woman. The exchange
of stylistic blows or the thrust of a dagger
confuses sexual identity: « That a person
cannot and consequently will not defend
himself, does not yet disgrace him in our
eyes; but we despise the person who has
neither the ability nor the good-will for
revenge—whether it be a man or a woman.
Would a woman be able to captivate us (or,
as people say, to « fetter » us) whom we
did not credit with knowing how to employ
the dagger (any kind of dagger, *irgendeine
Art von Dolch*) skilfully *against* us under
certain circumstances? Or against herself;
which in a certain case might be the
severest revenge (the Chinese revenge) ». (69)
Woman, mistress, Nietzsche's woman-
mistress, at times resembles Penthesilea.
(Both Shakespeare and Kleist are cited in
The Will to Power with respect to the
violence that is perpetrated there on the
reader as well as for their « pleasure in
dissimulation. » Kleist, too, had written a

écrit une « Prière de Zoroastre »). Sexe voilé
en transparence, la pointe retournée contre
soi, c'est aussi la Lucrèce daguée de Cranach.
Comment la femme peut-elle, étant la
vérité, ne pas croire à la vérité? Mais aussi
bien comment être la vérité en y croyant
encore?

Ouverture à l'*Au-delà*: « A supposer que
la vérité soit une femme, n'aurait-on pas
lieu de soupçonner que tous les philosophes,
dans la mesure où ils étaient des dogmatiques,
ont mal compris les femmes (*sich schlecht
auf Weiber verstanden*, se sont mal entendu
en femmes)? Et que le sérieux effroyable,
la gauche indiscrétion avec laquelle, jusqu'ici,
ils ont poursuivi la vérité, étaient des
moyens maladroits et malséants (*ungeschickte
und unschickliche Mittel*) pour prendre
une fille (*Frauenzimmer*, terme méprisant:
une fille facile)? »

Vérités

Nietzsche à cet instant fait virer la vérité
de la femme, la vérité de la vérité: « Il est
certain qu'elle ne s'est pas laissée prendre – et
chaque espèce de dogmatique se tient là
aujourd'hui dans une contenance piteuse et
déprimée. *A supposer* même qu'elle se tienne
encore debout! »

La femme (la vérité) ne se laisse pas
prendre.

A la vérité la femme, la vérité ne se laisse
pas prendre.

Ce qui à la vérité ne se laisse pas prendre
est – *féminin*, ce qu'il ne faut pas s'empresser
de traduire par la féminité, la fémini*té* de
la femme, la sexuali*té* féminine et autres
fétiches essentialisants qui sont justement
ce qu'on croit prendre quand on en reste à
la niaiserie du philosophe dogmatique, de
l'artiste impuissant ou du séducteur sans
expérience.

« Prayer to Zoroaster. ») The sex has been veiled in transparency, the dagger turned against oneself, Cranach's Lucretia has been stabbed.

How is it possible that woman, who herself is truth, does not believe in truth? And yet, how is it possible to be truth and still believe in it?

Beyond Good and Evil opens: « Supposing truth to be a woman—what? is the suspicion not well-founded that all philosophers, when they have been dogmatists, have had little understanding of women (*sich schlecht auf Weiber verstanden*, have been misunderstanding as to women?) that the gruesome earnestness, the clumsy importunity with which they have been in the habit of approaching truth have been inept and improper means (*ungeschickte und unschickliche Mittel*) for winning a wench (*Frauenzimmer* is a term of contempt: an easy woman)? »

Truths

At this moment, the truth of woman, the truth of truth, Nietzsche turns it about:

« Certainly she has not let herself be won—and today every kind of dogmatism stands sad and discouraged. *If it continues to stand at all!* »

Woman (truth) will not be pinned down. In truth woman, truth will not be pinned down.

That which will not be pinned down by truth is, in truth—*feminine*. This should not, however, be hastily mistaken for a woman's femininity, for female sexuality, or for any other of those essentializing fetishes which might still tantalize the dogmatic philosopher, the impotent artist or the inexperienced seducer who has not yet escaped his foolish hopes of capture.

Cet écart de la vérité qui s'enlève d'elle-
même, qui se lève entre guillemets
(machination, cri, vol et pinces d'une grue),
tout ce qui va contraindre dans l'écriture
de Nietzsche à la mise entre guillemets
de la « vérité » – et par suite rigoureuse, de
tout le reste –, ce qui va donc *inscrire* la
vérité – et par suite rigoureuse, inscrire en
général, c'est, ne disons même pas le
féminin: l'« opération » féminine.
Elle (s')écrit. C'est à elle que revient le style.
Plutôt: si le style était (comme le pénis
serait selon Freud « le prototype normal du
fétiche ») l'homme, l'écriture serait la
femme.
Toutes ces armes circulent d'une main dans
l'autre, passant d'un contraire à l'autre,
la question restant de ce que je fais ici en
ce moment.
Ces propositions d'*apparence* féministe, ne
faut-il pas les concilier avec l'énorme corpus
de l'anti-féminisme acharné de Nietzsche?
La congruence, mot que j'opposerai ici par
convention à cohérence, en est très énigmatique mais rigoureusement nécessaire. Telle
serait du moins la thèse de la présente
communication.
Vérité, la femme est le scepticisme et la
voilante dissimulation, voilà ce qu'il faudrait
pouvoir penser. La σκέψις de la « vérité »
a l'âge de la femme: « Je crains que les
femmes vieilles (*altgewordene Frauen*) ne
soient plus sceptiques dans le repli le plus
secret de leur coeur que tous les hommes:
elles croient à la superficialité de l'existence
comme à son essence, et toute vertu,
toute profondeur n'est pour elles que
voilement (*Verhüllung*) de cette « vérité »,

The divergence within truth elevates itself.
It is elevated in quotation marks (the
screeching machinations of a hooker, or
crane (*grue*), its flight and clapping claws).
Nietzsche's writing is compelled to suspend
truth between the tenter-hooks of quotation
marks—and suspended there with truth
is—all the rest. Nietzsche's writing is an
inscription of the truth. And such an
incription, even if we do not venture so
far as to call it the feminine itself, is indeed
the feminine « operation. »
Because woman is (her own) writing, style
must return to her. In other words, it could
be said that if style were a man (much as
the penis, according to Freud is the « normal
prototype of fetishes »), then writing would
be a woman.
But in the midst of all these weapons
circulating from hand to hand, passing from
one opponent to another, the question still
remains of what I am about here.
Must not these *apparently feminist*
propositions be reconciled with the over-
whelming *corpus* of Nietzsche's venomous
anti-feminism?
Their congruence (a notion which I oppose
by convention to that of coherence), although
ineluctably enigmatic, is just as rigorously
necessary. Such, in any case, will be the
thesis of the present communication.
Woman, inasmuch as truth, is scepticism
and veiling dissimulation. This is what
must be conceivable. The σχέψις of « truth »
is as old as woman herself: « I fear that
women who have grown old (*altgewordene
Frauen*) are more sceptical in the secret
recesses of their hearts than any of the men;
they believe in the superficiality of existence
as in its essence, and all virtue and
profoundity is to them only the disguising
(*Verhüllung*) of this « truth, » the very

le voilement très désirable d'un *pudendum*
– donc une affaire de convenance et de
pudeur, rien de plus! » (*Le Gai Savoir* (64),
Sceptiques. Cf. aussi, surtout, la fin de
l'*Avant-Propos* du *Gai Savoir*).

La « vérité » ne serait qu'une surface, elle
ne deviendrait vérité profonde, crue, désirable que par l'effet d'un voile: qui tombe
sur elle. Vérité non suspendue par des
guillemets et qui recouvre la surface d'un
mouvement de pudeur. Il suffirait de
suspendre le voile ou de le laisser d'une
autre façon tomber pour qu'il n'y ait plus
de vérité ou seulement la « vérité » – ainsi
écrite. Le voile/tombe.

Pourquoi dès lors l'effroi, la peur, la
« pudeur? »

La distance féminine abstrait d'elle-même
la vérité en *suspendant* le rapport à la
castration. Suspendre comme on peut
tendre ou étendre une toile, un rapport, etc.
qu'on laisse en même temps – suspendu –
dans l'indécision. Dans l'ἐποχή.

Rapport suspendu à la castration: non
pas à la vérité de la castration, à laquelle
la femme ne croit pas, ni à la vérité comme
castration, ni à la vérité-castration. La
vérité-castration, c'est justement l'*affaire* de
l'homme, *l'affairement* masculin qui n'est
jamais assez vieux, assez sceptique ni
dissimulé, et qui, dans sa crédulité, dans sa
niaiserie (toujours sexuelle et qui se donne
à l'occasion la représentation de l'experte
maîtrise) se châtre à secréter le leurre de la
vérité-castration. (C'est en ce point qu'il
faudrait peut-être interroger – décapitonner
– le déploiement métaphorique du voile;

desirable disguising of a *pudendum*—an affair, therefore, of decency and modesty, and nothing more! » (*Joyful Wisdom*, 64, *Sceptics.* Cf. also the conclusion especially of the introduction to *Joyful Wisdom*.)
« Truth » can only be a surface. But the blushing movement of that truth which is not suspended in quotation marks casts a modest veil over such a surface. And only through such a veil which thus falls over it could « truth » become truth, profound, indecent, desirable. But should that veil be suspended, or even fall a bit differently, there would no longer be any truth, only « truth »—written in quotation marks. *Le voile/tombe.*[4]
So why then the fear, the dread, the « blushing modesty » ?
The feminine distance abstracts truth from itself in a *suspension* of the relation with castration. This relation is suspended much as one might tauten or stretch a canvas, or a relation, which nevertheless remains— suspended—in indecision. In the ἐποχή. It is with castration that this relation is suspended, not with the truth of castration— in which woman does believe anyway—and not with the truth inasmuch as it might be castration. Nor is it the relation with truth-castration that is suspended, for that is precisely a man's affair. That is the masculine *concern*, the *concern* of the male who has never come of age, who is never sufficiently sceptical or dissimulating. In such an affair the male, in his credulousness and naivety (which is always sexual, pretending even at times to masterful expertise), castrates himself and from the secretion of his act fashions the snare of truth-castration. (Perhaps at this point one ought to interrogate—and « unboss » [5]—the metaphorical fullblown sail of truth's

de la vérité qui parle, de la castration et du phallocentrisme dans le discours lacanien, par exemple).

La « femme » – le mot fait époque – ne croit pas davantage à l'envers franc de la castration, à l'anti-castration. Elle est trop rusée pour cela et elle sait – d'elle, de son opération du moins, nous, mais qui, nous?, devrions l'apprendre – qu'un tel renversement lui ôterait toute possibilité de simulacre, reviendrait en vérité au même et l'installerait plus sûrement que jamais dans la vieille machine, dans le phallogo-centrisme assisté de son compère, image inversée des pupilles, élève chahuteur c'est-à-dire disciple discipliné du maître.

Or la « femme » a besoin de l'effet de castration, sans lequel elle ne saurait séduire ni ouvrir le désir – mais évidemment elle n'y croit pas. Est « femme » ce qui n'y croit pas et qui en joue. En joue: d'un nouveau concept ou d'une nouvelle structure de la croyance visant à rire. De l'homme – elle sait, d'un savoir auquel aucune philosophie dogmatique ou crédule n'aura pu se mesurer, que la castration *n'a pas lieu*.

Formule à déplacer très prudemment. Elle marque d'abord que le lieu de la castration n'est pas déterminable, marque indécidable ou non-marque, marge discrète aux conséquences incalculables, l'une d'entre elles, j'ai tenté de le noter ailleurs,[3] revenant à l'équivalence stricte de l'affirmation et de la négation de la castration, de la castra-tion et de l'anti-castration, de l'assumption

declamation, of the castration and phallocentrism, for example, in Lacan's discourse).
« Woman »—her name made epoch—no
more believes in castration's exact opposite,
anti-castration, than she does in castration
itself. Much too clever for that (and we
ourselves—who we?—might learn from her,
or in any case from her operation) she knows
that such a reversal would only deprive her
of her powers of simulation, that in truth
a reversal of that kind would, in the end,
only amount to the same thing and force
her just as surely as ever into the same
old apparatus. She knows that she would
only find herself trapped once again in a
phallocentrism—only this time it would be
that of castration's confederate, who has now
become the inverted image of his pupil, the
rowdy student, the master's disciple.
Unable to seduce or to give vent to desire
without it, «woman» is in need of castration's
effect. But evidently she does not believe
in it. She who, unbelieving, still plays with
castration, she is « woman. » She takes aim
and amuses herself (*en joue*) with it as
she would with a new concept or structure
of belief, but even as she plays she is gleefully
anticipating her laughter, her mockery of
man. With a knowledge that would out-
measure the most self-respecting dogmatic
or credulous philosopher, woman knows
that castration *does not take place*.
This formula, however, must be manipulated
with great prudence. Inasmuch as its undecidable mark, a non-mark even, indicates
that area where castration is no longer
determinable, it describes a margin whose
very consequences are incalculable. (I
attempted once before,[6] in a return to a
strict equivalence between the affirmation
and the denial of castration, between
castration and anti-castration, assumption

et de la dénégation. A développer plus tard, peut-être, au titre de l'*argument de la gaine* emprunté au texte de Freud sur le fétichisme.

Parures

Si-elle avait lieu, la castration aura été cette syntaxe de l'indécidable assurant, en les annulant et en les égalant, tous les discours en *pro et contra*. C'est le coup pour rien, qui ne se tente d'ailleurs jamais sans intérêt. D'où l'extrême « *Skepsis des Weibes* ». Dès qu'elle déchire le voile de pudeur ou de vérité dans lequel on a voulu l'envelopper, la tenant « dans la plus grande ignorance possible *in eroticis* », son scepticisme n'a plus de limite. Qu'on lise *Von der weiblichen Keuschheit* (*De la chasteté féminine, Le Gai Savoir*): dans la « contradiction entre l'amour et la pudeur », dans le « voisinage du Dieu et de la Bête », entre « l'énigme de la solution » et « la solution de l'énigme » vient « s'ancrer l'extrême philosophie et l'extrême scepticisme de la femme ». C'est dans ce vide qu'elle jette son ancre (*die letzte Philosophie und Skepsis des Weibes an diesem Punkt ihre Anker wirft*). La « femme » s'intéresse alors si peu à la vérité, elle y croit si peu que la vérité à son propre sujet ne la concerne même plus. C'est l'« homme » qui croit que son discours sur la femme ou sur la vérité *concerne* – telle est la question topographique que j'esquissais, qui s'esquivait aussi, comme toujours, tout à l'heure, quant au contour indécidable de la castration – la femme. La circonvient. C'est l'« homme » qui croit à la vérité de la femme, à la femme-vérité. Et

and negation, to note just such a conse-
quence. We might develop it further using
the *argument of underclothing* in Freud's
text on fetishism.)

Adornments
Yes—(*Si*—) had it ever taken place,
castration will have been a sort of syntax
which, in its annulment and equalization
of any discourse in the mode of *pro et
contra*, would have stabilized its undecidable.
Castration's syntax is the free shot which
aims nonetheless to collect its interest.
Hence the extreme « *Skepsis des Weibes.* »
Once she has rent the veil of blushing
modesty or truth which has bound and
held her « in the greatest ignorance possible
in eroticis, » a woman's scepticism knows
no bounds. One has only to read *Von der
weiblichen Keuschheit* (*On Female Chastity,
Joyful Wisdom*, 71): in « love and shame
in contradiction, » in the « proximity of
God and animal, » between the « enigma
of this solution » and the « solution of this
enigma, » here « the ultimate philosophy and
scepticism of the woman casts anchor. »
Into such a void woman throws her anchor
(*die letzte Philosophie und Skepsis des
Weibes an diesem Punkt ihre Anker wirft*).
Because a « woman » takes so little interest
in truth, because in fact she barely even
believes in it, the truth, as regards her,
does not concern her in the least. It rather
is the « man » who has decided to believe
that his discourse on woman or truth
might possibly be of any *concern* to her.
This concern with « woman » is in fact the
topographical problem that earlier, even
as I was attempting to sketch castration's
undecidable contours, slipped away–out-
witting the unwitting. For it is the man who
believes in the truth of woman, in woman-

en vérité les femmes féministes contre les-
quelles Nietzsche multiplie le sarcasme,
ce sont les hommes. Le féminisme, c'est
l'opération par laquelle la femme veut res-
sembler à l'homme, au philosophe dogmatique, revendiquant la vérité, la science,
l'objectivité, c'est-à-dire avec toute l'illusion
virile, l'effet de castration qui s'y attache.
Le féminisme veut la castration – aussi de
la femme. Perd le style.

Nietzsche dénonce bien, dans le féminisme,
la faute de style: « N'est-il pas du plus
mauvais goût que la femme s'apprête à
devenir savante (scientifique: *wissenschaftlich*)? Jusqu'à présent par bonheur, expliquer (*Aufklären*) était l'affaire des hommes,
le don des hommes (*Männer-Sache, Männer-
Gabe*) – on restait donc 'entre soi' (*'unter
sich'*) » (*Jenseits*, 232, cf. aussi 233).

Il est vrai qu'ailleurs (206) – mais ce n'est
pas du tout contradictoire –, l'homme de
science médiocre, celui qui ne crée pas, qui
n'enfante pas, celui qui se contente en somme
d'avoir la science à la bouche, dont « l'oeil
est alors pareil à un lac uni et maussade »
mais peut aussi devenir « oeil de lynx pour
les faiblesses des êtres supérieurs auxquels
il ne peut s'égaler », cet homme de science
stérile est comparé à une vieille fille.
Nietzsche, on peut le vérifier partout, c'est le
penseur de la grossesse. Qu'il loue chez
l'homme non moins que chez la femme. Et
comme il pleurait facilement, comme il lui
est arrivé de parler de sa pensée comme une
femme enceinte de son enfant, je l'imagine
souvent versant des larmes sur son ventre.[4]

truth. And in truth, they too are men,
those women feminists so derided by
Nietzsche. Feminism is nothing but the
operation of a woman who aspires to be like
a man. And in order to resemble the masculine dogmatic philosopher this woman lays
claim—just as much claim as he—to truth,
science and objectivity in all their castrated
delusions of virility. Feminism too seeks to
castrate. It wants a castrated woman. Gone
the style.
Feminism's lack of style is denounced by
Nietzsche: « Is it not the worst of taste
when woman sets about becoming scientific
(*wissenschaftlich*) in that fashion? Enlightenment (*Aufklären*) in this field has hitherto
been the affair and the endowment of men
(*Männer-Sache, Männer-Gabe*)—we remained
'amongst ourselves' ('*unter sich*') in this. »
(*Jenseits*, 232. Cf. also 233.)
Elsewhere though (206) there appears the
mediocre scientific man who creates nothing,
begets nothing, content as he is merely to
mouth the rote words of science. Although
his eye might be « like a reluctant smooth
lake, » he nonetheless has « very keen
eyes for what is base in those natures to
whose heights he is unable to rise. »
Nietzsche compares the sterility of a man
of this breed to that of an old maid. In spite
of what it may appear, such a comparison
is not in the least contradictory. Nietzsche,
as is everywhere evident in his texts, is a
thinker big with thought. He is the thinker
of pregnancy which, for him, is no less
praiseworthy in a man than it is in a woman.
Indeed one might imagine Nietzsche, who
was so easily moved to tears, who referred to
his thought as a pregnant woman might
speak of her unborn child, one might well
imagine him shedding tears over his swollen
belly.[7]

... « on restait donc entre soi. En présence de ce que les femmes écrivent sur 'la femme', il est permis de se demander avec une bonne dose de méfiance si la femme *veut* [Nietzsche souligne] et *peut* vouloir (*will* und wollen *kann*) proprement (*eigentlich*) une explication (*Aufklärung*) à son propre sujet ... si la femme ne cherche pas ainsi une *parure* supplémentaire pour elle (*einen neuen* Putz *für sich*) – je pense toutefois que le se-parer (*sich-Putzen*) appartient à l'éternel-féminin – alors c'est qu'elle veut faire naître devant elle la peur: – peut-être veut-elle ainsi la maîtrise (*Herrschaft*). Mais elle ne *veut* pas la vérité (*Aber es* will *nicht Wahrheit*). Qu'est-ce que la femme a à voir avec la vérité? Dès l'origine, rien n'est plus étranger, contraire, hostile à la femme que la vérité, – son grand art, c'est le mensonge, sa plus grande cause, c'est le paraître (*Schein*) et la beauté ». (232)

La simulation

Tout le procès de l'opération féminine s'espace dans cette apparence de contradiction. La femme est deux fois le modèle, elle l'est de façon contradictoire, on l'en loue et condamne à la fois. Comme l'écriture le fait régulièrement et sans hasard, la femme plie l'argument du procureur à la *logique du chaudron*. Modèle de la vérité, elle jouit d'une puissance séductrice qui règle le dogmatisme, égare et fait courir les hommes, les crédules, les philosophes. Mais en tant qu'elle ne croit pas, elle, à la vérité, trouvant néanmoins son intérêt à cette vérité qui ne l'intéresse pas, elle est encore le modèle: cette fois le bon modèle, ou plutôt le mauvais modèle en tant que bon modèle: elle joue la dissimulation, la parure, le mensonge, l'art, la philosophie artiste, elle est une puissance d'affirmation. Si on la

... « we remained 'amongst ourselves' in this; and whatever women write about 'woman,' we may in the end reserve a good suspicion as to whether woman really *wants* (Nietzsche's italics) or *can* want (*will* und wollen *kann*) enlightenment (*Aufklärung*) about herself ... Unless a woman is looking for a new *adornment* for herself (*einen neuen* Putz *für sich*) in this way—self-adornment pertains to the eternal womanly, does it not?—she is trying to inspire fear of herself–perhaps she is seeking dominion (*Herrschaft*). But she does not *want* truth (*Aber es will nicht Wahrheit*): what is truth to a woman! From the very first nothing has been more alien, repugnant, inimical to woman than truth— her great art is the lie, her supreme concern is appearance (*Schein*) and beauty ». (232)

Simulation

Woman deploys the process of the operation in the interval of this apparent contradiction where she is twice model, at once lauded and condemned. Here, in a manner like to that of writing, surely and safely, she forces the proxy's argument to bend before a sort of *kettle logic*.[8] Since she is a model for truth she is able to display the gifts of her seductive power, which rules over dogmatism, and disorients and routs those credulous men, the philosophers. And because she does not believe in the truth (still, she does find that uninteresting truth in her interest) woman remains a model, only this time a good model. But because she is a good model, she is in fact a bad model. She plays at dissimulation, at ornamentation, deceit, artifice, at an artist's philosophy. Hers is an affirmative power. And if she continues to be condemned, it is only from the man's point of view where she repudiates

condamnait encore, ce serait dans la mesure
où elle nierait cette puissance affirmative
du point de vue de l'homme, viendrait à
mentir en croyant encore à la vérité, à
réfléchir spéculairement le dogmatisme niais
qu'elle provoque.

A travers l'éloge de la simulation, du « plaisir de simuler » (*die Lust an der Verstel-
lung*), de l'histrionisme, du « dangereux
concept d'artiste », *Le Gai Savoir* range
parmi les artistes, qui sont toujours des
experts en simulation, les Juifs et les femmes.
L'association du Juif et de la femme n'est
probablement pas insignifiante. Nietzsche
les traite souvent en parallèle, ce qui nous
renverrait peut-être encore au motif de la
castration et du simulacre, voire du simulacre
de castration dont la circoncision serait la
marque, le nom de la marque. Fin de ce
fragment sur « l'instinct histrionique » (361):
« ... est-il un bon acteur aujourd'hui qui ne
soit pas – Juif? Le Juif également en tant
que littérateur, en tant que dominateur
effectif de la presse européenne exerce cette
puissance qui lui est propre en vertu de ses
capacités de comédien – il joue en effet le
« compétent », le « spécialiste ». – Enfin *les
femmes*: que l'on songe à toute l'histoire
des femmes – [tout à l'heure, cette histoire,
qui est l'histoire alternée de l'histrionisme
et de l'hystérisme, nous la relirons comme
une page dans l'histoire de la verité]
ne leur faut-il pas être avant tout et surtout
– comédiennes? Que l'on entende les méde-
cins qui ont hypnotisé des filles (*Frauenzimmer*): pour finir, qu'on les aime – qu'on
se laisse hypnotiser par elles! Qu'est-ce qui
on résulte toujours? Qu'elles « se donnent
pour », même quand elles – se donnent ...
[*Daß sie « sich geben », selbst noch, wenn
sie – sich geben ...* Une fois de plus, étudier
le jeu des tirets et non seulement des guil-

that affirmative power and, in her specular
reflection of that foolish dogmatism that
she has provoked, belies her belief in truth.
In its eulogy of play-acting, of the « delight
in dissimulation » (*die Lust an der Verstel-
lung*), of histrionics and of the « dangerous
concept of 'artist', » *Joyful Wisdom*
ranks both Jews and women among those
expert mountebanks, the artists. That Jews
and women should be thus associated does
not seem at all insignificant and the fact that
Nietzsche often considers them in parallel
roles might in fact be related to the motif
of castration and simulacrum for which
circumcision is the mark, indeed the name
of the mark. Such is the indication of the
conclusion to the fragment on « the histrionic
capacity » (361): « ... what good actor at
present is *not*—a Jew? The Jew also,
as a born literary man, as the actual
ruler of the European press, exercises this
power on the basis of his histrionic capacity:
for the literary man is essentially an
actor,—he plays the part of 'expert,' of
'specialist.'—Finally *women*. If we consider
the whole history of women [that history
which oscillates between histrionics and
hysterics will come to be read a little later
as a chapter in the history of truth], are
they not *obliged* first of all, and above all
to be actresses? If we listen to doctors
who have hypnotized women (*Frauenzimmer*),
or, finally, if we love them—and let ourselves be « hypnotized » by them,—what
is always divulged thereby? That they
« give themselves airs » (« give themselves
for »), even when they—« give themselves »
... [*Daß sie « sich geben », selbst noch,
wenn sie—sich geben* ... once again the play
here of both the quotation marks and the
hyphens should be noted] Das Weib ist
so artistisch, Woman is so artistic. » [9]

lemets] Das Weib ist so artistisch, la femme est tellement artiste . . . ».[5]
Pour aiguiser la catégorie, il faut rappeler au moment de cet éloge équivoque, tout proche du réquisitoire, que le concept d'artiste se divise toujours. Il y a l'artiste histrion, la dissimulation affirmative, mais il y a aussi l'artiste hystérique, la dissimulation réactive qui est la part de l'« artiste moderne ». Ce dernier, Nietzsche le compare précisément à « nos petites hystériques » et aux « petites femmes hystériques ». Parodiant Aristote, Nietzsche accable aussi les petites femmes (*Le Gai savoir*, 75, *Le troisième sexe*). « Et nos artistes ne sont en effet que trop apparentés aux petites femmes hystériques! Mais ceci parle contre l' 'aujourd'hui' et non pas contre l' 'artiste' ». (Fragment cité par Klossowski, *Nietzsche et le cercle vicieux*).
J'immobilise pour l'instant le jeu sur « donner », « se donner » et « se donner pour », nous en verrons l'échéance se déporter plus loin.
Les questions de l'art, du style, de la vérité ne se laissent donc pas dissocier de la question de la femme. Mais la simple formation de cette problématique commune suspend la question « qu'est-ce que la femme? ». On ne peut plus chercher la femme ou la féminité de la femme ou la sexualité féminine. Du moins ne peut-on les trouver selon un mode connu du concept ou du savoir, même si on ne peut s'empêcher de les chercher.

« Histoire d'une erreur »
Je voudrais maintenant annoncer qu'au lieu où elle traverse, vers le corps de la femme, le voile de la vérité et le simulacre de la

To hone even more finely this category
(of simulation, of mountebanks) it should
be recalled that even at the moment of
this equivocal eulogy (which in fact is not
so far from an indictment) the concept of the
artist is itself not undivided. Not only is
there the artist-histrion, or affirmative
dissimulation, but there is also the artist-
hysteric whose reactive dissimulation is
that of the « modern artist. » In fact, it is
this latter that Nietzsche compares to « small
women » and « poor women . . . agitated
and uncertain. » In a parody of Aristotle
Nietzsche just as devastatingly overwhelms
these small women. (*Joyful Wisdom*, 75,
The Third Sex) « And our artists are only
too closely related to little hysterical women.
But this is to speak against 'today' and not
against the 'artist'. » (This fragment is
cited by Pierre Klossowski in *Nietzsche
et le cercle vicieux.*)
Although this play on « to give, » « to give
oneself » and « to give oneself for » (to
give oneself airs) is immobilized here for
the moment, its debt will certainly fall
due later.
It is impossible to dissociate the questions
of art, style and truth from the question
of the woman. Nevertheless the question
« what is woman? » is itself suspended by
the simple formulation of their common
problematic. One can no longer seek her,
no more than one could search for woman's
femininity or female sexuality. And she
is certainly not to be found in any of the
familiar modes of concept or knowledge.
Yet it is impossible to resist looking for her.

"History of an error"
At this point, where it pierces the veil of
truth and the simulacrum of castration in
order to impale the woman's body, the

castration, la question du style peut et doit se mesurer avec la grande question de l'interprétation du texte de Nietzsche, de l'interprétation de l'interprétation, de l'interprétation, tout court; pour la résoudre ou pour la disqualifier en son énoncé.

Si l'on veut prendre la mesure de cette question, comment faire l'économie de la lecture heideggerienne de Nietzsche, quelque compte qu'on en tienne finalement, quelque effort qu'on ait fait en France, selon des motifs déterminables, pour en occulter, contourner ou retarder l'épreuve?

J'ai souvent prononcé le mot de *castration* sans l'avoir, au moins en apparence et jusqu'ici, étayé d'un texte de Nietzsche. J'y reviens maintenant. Au risque de surprendre, c'est depuis un certain paysage heideggerien, avec ses pleins et ses lacunes, ses saillies et ses rentrées, que je procède à ce retour. Le grand livre de Heidegger est beaucoup moins simple dans sa thèse qu'on n'a tendance en général à le dire. Il s'ouvre, comme on sait, sur le problème de la volonté de puissance en tant qu'art et sur la question du « grand style ».

Au titre de la connotation ou de l'accompagnement, je rappelle trois mises en garde de Heidegger. Elles me paraissent urgentes, et ne valent pas seulement pour hier.

1. Mise en garde contre le confusionnisme esthétisant, aveugle à l'art autant qu'à la philosophie, et qui voudrait nous faire conclure de telles propositions nietzschéennes hâtivement déchiffrées que l'ère du philosophe-artiste étant désormais ouverte, la rigueur du concept pourrait se montrer moins intraitable, qu'on allait pouvoir dire n'im-

question of style must be measured against
the larger question of the interpretation
of Nietzsche's text, of the interpretation of
interpretation—in short against the question
of interpretation itself. In such a confrontation either the question of style will be
resolved, or its very statement will be
disqualified.

In taking the measure of that question,
however, there is still the Heideggerian
reading of Nietzsche which must be
accounted for. Whatever the allowances
that have been made for it, whatever the
efforts that have been exerted (and for
recognizable reasons) in France to conceal,
evade or delay its falling due, this account
too remains unsettled.

Until now I have often repeated the word
castration without ever appearing to attach
it to a text of Nietzsche. Thus it is that
I shall return to it here, proceeding, perhaps
somewhat startingly, from the plenums
and lacunas, projections and indentations, of
a certain Heideggerian landscape.

The arguments of Heidegger's mighty tome
are much less simple than is generally
admitted. It opens, of course, with the
problem of the will to power as art and the
question of the « grand style. »

And because their urgency, it would seem,
is as valid today as it was yesterday, three
warnings from Heidegger might, by way of
a connotation or an accompaniment, be
recalled here.

First, Heidegger warns against an aestheticizing confusionism which, as blind to art as
it is to philosophy, would, in its precipitate
interpretation of such of Nietzsche's
propositions as the age of the philosopher-
artist, have us conclude that its own
conceptual rigor is less intractable, and
further, that it will henceforth be admissible

porte quoi et militer pour la non-pertinence,
ce qui revient toujours à rassurer et à con-
firmer, à laisser hors d'atteinte l'ordre auquel
on croit alors s'opposer; par exemple la philosophie, mais c'est aussi le pouvoir, les
forces dominantes, leurs lois, leur police
– auxquelles il faut bien se garder de dire
la vérité.

2. Mise en garde contre la confusion entre
le « grand style » et le style « héroico-
vantard » (*heroisch-prahlerischen*) qui est
d'ailleurs, dans son exubérance pseudo-transgressive, le fait de la classe « cultivée »,
dit Nietzsche, qui entend toujours par ce
mot la classe inculte des philistins wagne-
riens, « besoin de petits-bourgeois, commente
Heidegger, en veine de sauvagerie ».

3. Nécessité de lire Nietzsche en interrogeant
sans cesse l'histoire de l'Occident, faute de
quoi, surtout quand on prétend en finir
avec de séculaires illusions, on ne fait que
ruminer des idées reçues et l'on est « sans
appel », « frappé par la sentence de l'histoire »
(T.1 p. 117-184).

De ce même chapitre je prélève maintenant
trois propositions. Elles n'arrêtent pas le
mouvement de l'analyse heideggerienne que
nous devons suivre ici.

1. L'ancienne esthétique aurait toujours été,
selon Nietzsche, une esthétique de consom-
mateurs: passifs et réceptifs. Il faudrait
donc lui substituer une esthétique de pro-
ducteurs (*erzeugenden, zeugenden, schaffenden*). A une esthétique féminine, donc,
devrait succéder une esthétique masculine.
Comme l'attestait, avec tant d'autres textes,
le fragment 72 du *Gai savoir*, la production
est masculine aux yeux de Nietzsche comme

to say anything in militating for the cause of irrelevance. In the final analysis, however, such an attitude is nothing more than the reassurance and corroboration of the very order which it pretends to oppose and which itself escapes intact. This confusionism remains ineffective not only in its confrontation with philosophy but also before the powers that be, the dominating forces, their laws, their magistrates—to whom one must beware of speaking the truth.

Second, Heidegger cautions against mistaking an « heroico-boastful » (*heroisch-prahlerischen*) style for the « grand style. » The pseudo-transgressive exuberance of the former is characteristic, according to Nietzsche, of the « cultivated » class, that vulgar crowd of Wagnerian philistines. It is, comments Heidegger, the « need of the petit-bourgeois who is in a savage humor ». And third, Heidegger warns of the necessity of reading Nietzsche in an unremitting interrogation of Western civilization. To neglect such an interrogation, and in particular now that one claims to have done with any secular illusions, is merely to ruminate on accepted ideas. « Sentenced by history, » one remains « without appeal. »

From the same chapter in which Heidegger issued these warnings, three propositions, which in no way interrupt the development of his analysis which we must attend to here, might also be singled out.

First, Heidegger would have it that, according to Nietzsche, the old aesthetic has never been anything but an aesthetic of passive, receptive consumers. It must therefore be replaced by one of producers (*erzeugenden, zeugenden, schaffenden*). Furthermore (according to the deposition of fragment 72 in *Joyful Wisdom*), production, just as much for Nietzsche as for all of

de toute la tradition, et une mère productrice est une mère masculine. Heidegger cite cet autre fragment: « Notre esthétique en était une féminine (*eine Weibs-Ästhetik*) en ce sens que seules les natures réceptives (*die Empfänglichen*) à l'art ont formulé leur expérience [du] 'qu'est-ce qui est beau'? Dans toute la philosophie jusqu'à nos jours l'artiste fait défaut (*fehlt der Künstler*) » (fr. 811, tr. fr. p. 70).

Autrement dit, ou plutôt traduit (Heidegger ne le dit pas), jusqu'ici, devant l'art, le philosophe de l'art, qui est précisément toujours *devant l'art*, qui n'y touche pas, qui dans certains cas s'imagine artiste et produire des œuvres alors qu'il se contente de causer de l'art, ce philosophe est femme: femme stérile, bien sûr, et non « *männliche Mutter* ». Devant l'art, le philosophe dogmatique, courtisan maladroit, reste, comme le savant de second ordre, l'impuissant, une sorte de vieille fille.

Mais Nietzsche se sert ici du très vieux philosophème nommé *production*, avec ses connotations plus ou moins inaperçues et ingénuement impliquées de créativité, d'activité, de mise en forme et de mise au jour, en un mot de présentation, de mise en présence manifeste. Et il inscrit ce concept patiné de métaphysique dans l'équivalence traditionnellement supposée, d'Aristote à Kant et jusqu'à Hegel (dans son analyse bien connue de la passivité de la jouissance clitoridienne) entre la productivité active ou informatrice d'une part et la virilité d'autre part, entre la passivité improductive

tradition, is masculine, and a productive
mother is a masculine mother. In this
matter Heidegger cites a second fragment:
« Our aesthetic was a feminine one (*eine
Weibs-Ästhetik*) in that only those natures
which were receptive to art (*die Empfänglichen*) formulated their experience of
« what is beautiful? » Throughout all of
philosophy and even to the present time
the artist has been lacking (*fehlt der
Künstler*). »
Stated (or rather translated, since Heidegger
doesn't put it in so many words) in another
way, there has been, until now, only a
philosopher of art. And this philosopher
of art, who, face to face with art, never
abandons his positions in front of art, who
never actually ventures to lay his hands on it,
who, even though he at times fancies himself
an artist producing works, is content
merely to gossip about art, he is a woman—
and what is more he is a sterile woman
and certanly not the *männliche Mutter*.
Before art, the dogmatic philosopher, a
maladroit courtesan, remains, just as did the
second-rate scholar, impotent, a sort of old
maid.
But Nietzsche here is dealing with a very
old philosopheme of *production*. And in
so doing he is also manipulating its vaguely
unnoticed, yet cleverly intimated nuances
of creativity, activity, formulation, presentation—its connotations of the formulation
and presentation of manifest presence.
This concept, shiny from its metaphysical
use, he inscribes in the analogous equivalence,
itself part of that tradition which extends
from Aristotle to Kant, and as far as Hegel
(whose analysis of the passivity of clitoral
pleasure is familiar), between active,
informative productivity and virility on the
one hand, and material, unproductive

et matérielle d'une part et la féminité d'autre part. Ce qui paraît contredire, nous y reviendrons, d'autres propositions sur la femme.

2. La pensée de Nietzsche sur l'art serait, à suivre Heidegger, « métaphysique dans sa plus intime intention », puisque l'art est pour lui « la manière essentielle dont l'étant se crée en tant que de l'étant » (tr. fr. p. 122).

3. Nietzsche semble procéder le plus souvent, quant à la métaphysique et au platonisme, quant à la relation platonicienne, à une simple « inversion (*Umdrehung*) qui aurait consisté à mettre les propositions platoniciennes sens dessus dessous, c'est-à-dire sur la tête » (tr. fr. p. 182).

Heidegger ne s'en tient pas, comme on le lui fait souvent dire, à ce schéma. Non qu'il l'abandonne purement et simplement. Pas plus chez lui que chez Nietzsche le travail de lecture et d'écriture n'est homogène et ne sautille sans stratégie du pour au contre. Bien que Nietzsche semble ou doive pratiquer souvent l'*Umdrehung*, il est visible, remarque Heidegger, qu'il « cherche autre chose » (*etwas anderes sucht*) (tr. fr. p. 182).

Pour annoncer cet autre qui ne fait plus couple dans une opposition de renversement, Heidegger se reporte à ce récit désormais célèbre d'une fabulation unique, l'*Histoire d'une erreur*, dans *Le crépuscule des idoles* (1888): *Comment le monde vrai devint enfin une fable.*

Je ne reprends pas le commentaire de Heidegger ni tous ceux qui nous ont maintenant,

passivity and femininity on the other. It
remains to be seen whether Nietzsche,
as it would appear, is indeed contradicting
certain of his propositions concerning
the woman.

Second, it seems that if one were to heed
Heidegger, Nietzsche's thought on art would
be « metaphysical in its most intimate
intention, » and this, inasmuch as art, for
him, is the « essential way in which the
being creates itself as the being. »

And third, according to Heidegger,
Nietzsche, in dealing with metaphysics,
Platonism and the Platonic tradition,
procedes most frequently by simple
« inversion (*Umdrehung*) which would
consist in turning the Platonic propositions
upside down, in standing them on their
head. »

Heidegger, however, does not restrict
himself (as it is often supposed) to this
schema of an inversion. Still, he doesn't
purely and simply abandon it, for the work
of reading and writing is no more homo-
geneous in his case than it is in Nietzsche's,
and his seeming leaps from *pro* to *contra*
are not without a certain strategy. Thus
Heidegger remarks that, although Nietzsche
might seem, or perhaps even ought, to
employ the method of *Umdrehung*, it is
nonetheless apparent that he « is seeking
something else (*etwas anderes sucht*). »

In announcing that other which is no longer
coupled here in the operation of an
inversion, Heidegger refers to the tale,
famous ever since, of a singular fabulous
plot. It is the story of *How the* « *True
World* » *Finally Became a Fable* which
is recounted in *The History of an Error* in
Twilight of the Idols (1888).

Neither Heidegger's commentary nor those
many others which in France have lately

en France, éclairé ce texte. J'y relève seulement un ou deux traits qui n'ont pas été,
à ma connaissance, expliqués, en particulier
par Heidegger, et qui touchent précisément à
la femme.

Heidegger met en valeur la torsion la plus
forte quant à la problématique de l'*Umdrehung*: l'opposition qui se prêtait au renversement est elle-même supprimée: « avec
le monde vrai nous avons aussi aboli le
monde des apparences », dit le récit (*mit der
wahren Welt haben wir auch die scheinbare
abgeschafft!*). La hiérarchie des deux
mondes, du sensible et de l'intelligible, n'a
pas été seulement renversée. Une nouvelle
hiérarchie est affirmée et une nouvelle
position de valeur. La nouveauté ne consiste
pas à renouveler le contenu de la hiérarchie
ou la substance des valeurs mais à transformer la valeur même de hiérarchie. « Une
nouvelle hiérarchie (*Rangordnung*) et une
nouvelle position de valeur (*Wertsetzung*),
cela veut dire: transformer le *schéma* hiérarchique (*das Ordnungs*-Schema *verwandeln*) ».
Ne pas supprimer toute hiérarchie, l'an-archie
consolidant toujours l'ordre établi, la hiérarchie métaphysique; ne pas changer ou
renverser les termes d'une hiérarchie donnée;
mais transformer la structure même du
hiérarchique.

Heidegger suit donc l'opération de Nietzsche
dans ce qu'elle peut avoir d'excessif au
regard de la métaphysique et du platonisme.
Mais n'est-ce pas seulement, du moins ici,
pour se demander, selon une forme de
question relevant encore de l'herméneutique
et donc de cette philosophie qu'une telle

clarified this text will be developed here. Rather, I shall single out one or two characteristics which, to my knowledge anyway, have not been elaborated (and most particularly by Heidegger himself) and which bear precisely on the (question of the) woman.

In his consideration of the problematic of *Umdrehung* Heidegger emphasizes the very strongest of torsions, that in which the opposition which has been submitted to reversal is itself suppressed. Thus, as the story goes, « with the true world we have also abolished the apparent one (*mit der wahren Welt haben wir auch die scheinbare abgeschafft*)! » In such a tortured movement not only has the hierarchy of the two worlds of the sensible and the intelligible been reversed, but a new hierarchy with its new order of priorities has been affirmed. Its innovation does not consist in a renewal of the hierarchy or the substance of values, but rather in a transformation of the very value of hierarchy itself. Thus Heidegger says that « a new hierarchy (*Rangordnung*) means to transform the hierarchical *schema* (*das Ordnungs*-Schema *verwandeln*) ». What must occur then is not merely a suppression of all hierarchy, for an-archy only consolidates just as surely the established order of a metaphysical hierarchy; nor is it a simple change or reversal in the terms of any given hierarchy. Rather, the *Umdrehung* must be a transformation of the hierarchical structure itself.

Heidegger here is pursuing the Nietzschean operation into the very reaches where it excedes metaphysics and Platonism. But at the same time it would seem that what he is after there is in fact a form of question more proper to a hermeneutic, and consequently philosophical, order, indeed

opération devrait pourtant *déranger*, si Nietzsche a *réussi* à faire ce qu'il a sûrement projeté, et « jusqu'à quel point » il a effectivement surmonté le platonisme. Heidegger appelle cela une « question critique » (*Fragen der Kritik*) qui doit se laisser guider par la « re-pensée de la volonté pensante la plus intime de Nietzsche », de son vouloir-dire le plus profond (*wenn wir Nietzsches innerstem denkerischen Willen nach-gedacht haben*).

Femina vita

C'est l'horizon de cette question heideggerienne, au moment où il oriente la lecture la plus exigeante, qu'il faudra un peu plus tard, peut-être, après le détour dans lequel nous sommes, crever.

Ce qui ne pourra sans doute se faire que par l'intervention de quelque pratique stylet. Pratique stylée mais de quel genre?

Cela ne s'écrit que selon l'affabulation conjointe de la femme et de la vérité. Entre la femme. Au mépris de la profondeur qui est la pudeur. Quelques aphorismes pour faire attendre l'histoire de la vérité, qu'ils précèdent, dans *Le crépuscule*, de quelques pages:

Sentences et flèches (Sprüche und Pfeile).
16. Unter Frauen. « Die Wahrheit? O Sie kennen die Wahrheit nicht! Ist sie nicht ein Attentat auf alle unsere pudeurs? » « La vérité? Oh! vous ne connaissez pas la vérité! N'est-elle pas un attentat contre toutes nos *pudeurs?*
27. « Man hält das Weib für tief – warum?

the very order that Nietzsche's operation
should have otherwise *put out of order*.
This question, whether Nietzsche actually
succeeded in achieving what he most
certainly projected and thus « to what
extent » he has surmounted Platonism, is for
Heidegger a « critical question » (*Fragen
der Kritik*) and consequently must be
directed by the « re-thinking of Nietzsche's
most intimate thinking will », of
Nietzsche's most profound intended meaning
(*wenn wir Nietzsches innerstem denkerischen Willen nach-gedacht haben*).

Femina vita

Later, perhaps, after a certain detour, we
must come about to the moment where
the horizon of this Heideggerian question
sets the bearing for its most exacting
reading, that is, come about in order to
stave it in.
Which, of course, will be impossible
without the intervention of some practiced
stiletto (*pratique stylet*).
A stylate practice (*pratique stylée*), of
course, but of what genre of gender?
For it cannot be written without the
conspired plotting between woman and
truth. Betwixt woman. And in spite of the
profundity which is modesty. As if in its
anticipation, several aphorisms precede by
a few pages the story of truth in the
Twilight of the Idols:

Maxims and Arrows (*Sprüche und Pfeile*)—
16. *Unter Frauen*. « *Die Wahrheit? O Sie
kennen die Wahrheit nicht! Ist sie nicht
ein Attentat auf alle unsere* pudeurs? »
« Truth? Oh, you don't know truth. Is it
not an attempt to assassinate all our
pudeurs? »
27. « *Man hält das Weib für tief—warum?*

*weil man nie bei ihm auf den Grund kommt.
Das Weib ist noch nicht einmal flach* »
« On tient la femme pour profonde – pourquoi? parce que chez elle on n'arrive jamais
au fond. La femme n'est pas même encore
plate. »
29. « *"Wie viel hatte ehemals das Gewissen
zu beißen! welche guten Zähne hatte es! –
Und heute? woran fehlt es?" – Frage eines
Zahnarztes.* » « "Combien la conscience avait
à mordre jadis! Quelles bonnes dents elle
avait! – Et aujourd'hui? qu'est-ce qui lui
manque?" Question de dentiste. »
L'*Histoire d'une erreur*. Dans chacune des
six séquences, des six époques, à l'exception
de la troisième, quelques mots sont soulignés.
Dans la deuxième époque, les seuls mots
soulignés par Nietzsche sont *sie wird Weib*,
elle [l'Idée] *devient femme*.
Heidegger cite cette séquence, en respecte
le souligné, mais son commentaire, comme
c'est toujours le cas, semble-t-il, contourne
la femme. Tous les éléments du texte sont
analysés, sans exception, sauf le devenir-
femme de l'idée (*sie wird Weib*), qui se
trouve donc délaissé, un peu comme on
sauterait une image sensible dans un livre de
philosophie, comme on arracherait aussi
une page illustrée ou une représentation
allégorique dans un livre sérieux.
Ce qui permet de voir sans lire ou de lire
sans voir.
En regardant de plus près le « *sie wird
Weib* », nous n'allons pas à l'*encontre* de
Heidegger, c'est-à-dire encore dans la voie
de son propre geste. Nous n'allons pas
faire le contraire de ce qu'il fait et qui
reviendrait une fois de plus au même. Nous
n'allons pas cueillir une fleur mythologique,

*weil man nie bei ihm auf den Grund kommt.
Das Weib ist noch nicht einmal flach. »*
« Women are considered profound. Why?
Because one never fathoms their depths.
Women aren't even shallow. »
29. « *Wie viel hatte ehemals das Gewissen
zu beißen! welche guten Zähne hatte es!
Und heute? woran fehlte es? »—Fragen
eines Zahnarztes.* « How much conscience
has had to chew on in the past! And what
excellent teeth it had! And today what is
lacking? »—A dentist's question.
So goes the *History of an Error.* In each
of its six sequences, its six epochs, with the
exception only of the third, there are certain
words underlined. And in the second
epoch, Nietzsche has underlined only the
words *sie wird Weib,* « *it becomes female.* »
Heidegger cites this sequence, even
respects its underlining, but in his commentary (as seems to be generally the case) he
skirts the woman, he abandons her there.
Much as one might skip over a sensible image
in a philosophy book or tear out an
illustrated leaf or allegorical representation
in a more serious volume, Heidegger
analyzes all the elements of Nietzsche's text
with the sole exception of the idea's
becoming-female (*sie wird Weib*).
In such a way does one permit oneself
to see without reading, to read without
seeing.
But if we ourselves should take a closer
look at this « *sie wird Weib* » we would
not be proceeding in a way *counter to*
Heidegger's (such a counter direction is in
fact his own). It is not the contrary (which
once again would only amount to the very
same thing) of what Heidegger is doing
that we ourselves are about to do. It is
not that we are about to pluck some
mythological flower in order to dissect it

cette fois pour l'étudier à part, la recueillir au lieu de la laisser tomber.

Tentons plutôt de déchiffrer cette *inscription* de *la femme*: sa nécessité n'est sans doute ni celle d'une illustration métaphorique ou allégorique sans concept, ni celle d'un concept pur sans schème fantastique.

Le contexte l'indique clairement, ce qui devient femme, c'est l'idée. Le devenir-femme est un « procès de l'idée » (*Fortschritt der Idee*). L'idée est une forme de la présentation de soi de la vérité. La vérité n'a donc pas toujours été femme. La femme n'est pas toujours vérité. L'une et l'autre ont une histoire, forment une histoire – l'histoire elle-même peut-être, si la valeur stricte d'histoire s'est toujours présentée comme telle dans le mouvement de la vérité – que la philosophie ne peut à elle seule décrypter, y étant elle-même comprise.

Avant ce progrès dans l'histoire du monde-vrai, l'idée était platonicienne. Et l'*Umschreibung*, la transcription, la périphrase ou la paraphrase de l'énoncé platonicien de la vérité, dans ce moment inaugural de l'idée, c'est « Ich, Plato, *bin* die Wahrheit », « Moi, Platon, je *suis* la vérité ».

Le second temps, celui du devenir-femme de l'idée comme présence ou mise en scène de la vérité, c'est donc le moment où Platon ne peut plus dire « je suis la vérité », où le philosophe n'est plus la vérité, se sépare d'elle comme de lui-même, ne la suit plus qu'à la trace, s'exile ou laisse l'idée s'exiler. Alors commence l'histoire, commencent les histoires. Alors la distance – la femme – écarte la vérité – le philosophe, et donne

in some aside or that we are going to reap
this flower rather than let it fall where
it will.

Instead let us attempt to decipher this
inscription of *the woman*. Surely its necessity
is not one of a concept-less metaphorical
or allegorical illustration. Nor could it be
that of a pure concept bare of any fantastic
designs.

Indeed it is clear from the context that
it is the idea that becomes woman. The
becoming-female is a « process of the idea »
(*Fortschritt der Idee*) and the idea a form
of truth's self-presentation. Thus the truth
has not always been woman nor is the
woman always truth. They both have a
history; together they both form a history.
And perhaps, if history's strict sense has
always been so presented in the movement
of truth, their history is history itself, a
history which philosophy alone, inasmuch as
it is included therein, is unable to decode.
In the age before this progress in the
history of the true-world, the idea was
Platonic. And in this, the idea's inaugural
moment, the *Umschreibung*, the transcription,
the paraphrase of the Platonic statement,
was « Ich, Plato, *bin* die Wahrheit », « I,
Plato, *am* the truth. »

But once this inaugural moment has given
way to the second age, here where the
becoming-female of the idea is the presence
or presentation of truth, Plato can no more
say « I am truth. » For here the philosopher
is no longer the truth. Severed from
himself, he has been severed from truth.
Whether he himself has been exiled, or
whether it is because he has permitted the
idea's exile, he can now only follow in its
trace. At this moment history begins. Now
the stories start. Distance—woman—averts
truth—the philosopher. She bestows the

l'idée. Qui s'éloigne, devient transcendante,
inaccessible, séduisante, agit et montre
le chemin à distance, *in die Ferne*. Ses voiles
flottent au loin, le rêve de mort commence,
c'est la femme.

« Le monde vrai hors de portée dans
le présent, mais promis au sage, au pieux,
au vertueux ('pour le pécheur qui fait
pénitence'). »

« (Progrès de l'idée: elle devient plus fine,
plus captieuse, plus insaissable – *elle devient
femme . . .* ».

Tous les attributs, tous les traits, tous les
attraits que Nietzsche avait reconnus à
la femme, la distance séductrice, l'inaccessible
qui capte, la promesse infiniment voilée, la
transcendance produisant le désir, l'*Entfernung* appartiennent bien à l'histoire de la
vérité comme histoire d'une erreur.

Or comme en apposition, comme pour
expliciter et analyser le « elle devient
femme », Nietzsche ajoute « *sie wird
christlich . . .* » et ferme la parenthèse.

C'est dans l'époque de cette parenthèse
qu'on peut tenter d'entraîner cette affabulation vers le motif de la castration *dans*
le texte nietzschéen, c'est-à-dire vers
l'énigme d'une non-présence de la vérité.

Ce qui s'enseigne en lettres rouges dans le
« *elle devient femme*, elle devient chrétienne . . . », je vais essayer de démontrer que
c'est un « elle (se) châtre », elle châtre parce
qu'elle est châtrée, elle joue sa castration
dans l'époque d'une parenthèse, elle feint la
castration – subie et infligée – pour maîtriser
le maître de loin, pour produire le désir et
du même coup, c'est ici « la même chose », le
tuer.

Phase et périphrase nécessaire dans l'histoire
de la femme-vérité, de la femme comme
vérité, de la vérification et de la féminisation.

idea. And the idea withdraws, becomes transcendant, inaccessible, seductive. It beckons from afar (*in die Ferne*). Its veils float in the distance. The dream of death begins. It is woman.

« The true world—unattainable for now, but promised for the sage, the pious, the virtuous man (« for the sinner who repents »).

(Progress of the idea: it becomes more subtle, insidious, incomprehensible—*it becomes female ...* ».

All the emblems, all the shafts and allurements that Nietzsche found in woman, her seductive distance, her captivating inaccessibility, the ever-veiled promise of her provocative transcendance, the *Entfernung,* these all belong properly to a history of truth by way of the history of an error. And then Nietzsche, as if in apposition or as if to explain or analyze the « it becomes female, » adds there « *sie wird christlich ...* » and closes the parenthesis.

In the epoch described by this parenthesis the story's fabulous plot might be somehow linked with the motif of castration *in* Nietzsche's text, with its enigma of truth's nonpresence.

In fact, what is emblazoned in the « *it becomes female ... christian* » might be shown to be a « she castrates (herself). » Castrated, she castrates and plays at her castration in the parenthetical epoch. She feigns her castration—which is at once suffered and inflicted. From afar she would master the master and with the same blow (in fact « the same thing ») that produced his desire, kill him.

A period, a necessary périphrase, has been marked in the history of woman-truth, of woman as truth, of verification and feminisation.

Tournons la page. Passons, dans *Le crépus-cule des idoles*, à la page qui suit *L'histoire d'une erreur*. S'ouvre alors *Moral als Widernatur, La morale contre-nature*. Le christianisme y est interprété comme *castratisme* (*Kastratismus*). L'extraction de la dent, l'arrachement de l'oeil, dit Nietzsche, sont des opérations chrétiennes. Ce sont les violences de l'idée chrétienne, de l'idée devenue femme. « Tous les vieux monstres de la morale sont unanimes là-dessus: « il faut tuer les passions » [ces derniers mots en français dans le texte]. La plus célèbre formule qui en ait été donnée se trouve dans le Nouveau Testament, dans ce *Sermon sur la montagne* où, soit dit en passant, les choses ne sont pas du tout contemplées *de haut*. Il y est dit par exem-ple, avec application morale à la sexualité, « si ton oeil te fait damner, arrache-le »: heureusement aucun chrétien n'agit suivant cette prescription. *Anéantir* les passions et les désirs, seulement à cause de leur bêtise et pour prévenir les suites désagréables de leur bêtise, cela ne nous paraît être aujourd'hui qu'une forme aiguë de la bêtise. Nous n'admirons plus les dentistes qui *arra-chent* (*ausreißen*, souligné) les dents pour qu'elles ne fassent plus mal. »
A l'extirpation ou à la castration chrétienne, du moins celle de la « première Eglise » (mais on n'est pas sorti de l'Eglise), Nietzsche oppose la spiritualisation de la passion (*Vergeistigung der Passion*). Il semble impliquer ainsi qu'aucune castration n'est au travail dans une telle spiritualisation, ce qui ne va pas de soi. Je laisse ce problème ouvert.
Donc l'Eglise, la première, vérité de la

But let us turn this page of *Twilight of the Idols* to the one which follows the *History of an Error*. Here opens the *Moral als Widernatur, Morality as Anti-Nature*, in which Christianity will be interpreted as castratism (*Kastratismus*). Thus, such of its operations as the extraction of a tooth or the plucking out of an eye are described by Nietzsche to be precisely Christian operations. It is these, the violations that are perpetrated by the Christian idea, that are the idea become woman. « All the old monsters are agreed on this: *il faut tuer les passions.* The most famous formula for this is to be found in the New Testament, in that Sermon on the Mount, where, incidentally, things are by no means looked at *from a height.* There it is said, for example, with particular reference to sexuality: « If thy eye offend thee, pluck it out. » Fortunately, no Christian acts in accordance with this precept. *Destroying* the passions and cravings, merely as a preventive measure against their stupidity and the unpleasant consequences of this stupidity— today this itself strikes us as merely another acute form of stupidity. We no longer admire dentists who « pluck out » (*ausreißen*) teeth so that they will not hurt any more. » Nietzsche, however, contrasts the extirpation and castration which he finds inherent in Christianity, or at least in the « early Church » (but, one might object, have we ever left the Church?), with the spiritualization of the passion (*Vergeistigung der Passion*). Yet, in opposing these two in this way, Nietzsche seems to be implying that there is no castration operative in such spiritualization. (This is no doubt a disputable conclusion, but its question will be left open here.)
So the Church, the early Church then,

femme-idée, procède par ablation, extirpation, excision. « L'Eglise combat la passion par la coupe (*Ausschneidung*, la taille, la castration): sa pratique, sa 'cure', c'est le *castratisme*. Elle ne se demande jamais: 'comment spiritualise-t-on, embellit-on, divinise-t-on un désir?'. De tous temps, elle a mis le poids de sa discipline au service de l'éradication (*Ausrottung*) de la sensibilité, de la fierté, du désir de maîtrise (*Herrschsucht*), du désir de possession (*Habsucht*), du désir de vengeance (*Rachsucht*). Mais attaquer les passions à la racine, c'est attaquer la vie à sa racine: la praxis de l'Eglise est *hostile à la vie* (*lebensfeindlich*). »
Donc hostile à la femme qui est la vie (*femina vita*): la castration est une opération de la femme contre la femme, non moins que de chaque sexe contre soi et contre l'autre.[6]
« Le même moyen, la castration et l'éradication, est employé dans la lutte contre le désir par ceux dont la volonté est faible, qui sont trop dégénérés pour pouvoir imposer une mesure à leur désir... Que l'on survole toute l'histoire des prêtres et des philosophes, des artistes: le plus venimeux contre les sens *n'est pas* dans la bouche des impuissants, mais des ascètes impossibles, de ceux qui auraient eu besoin d'être des ascètes... » ...« La spiritualisation de la sensibilité s'appelle *amour*; elle est un grand triomphe sur le christianisme. Un autre triomphe c'est notre spiritualisation de l'*inimitié*. Elle consiste à comprendre profondément le prix qu'il y a à avoir des ennemis: bref à agir et à conclure de manière inverse (*umgekehrt*) à celle dont on agissait et concluait auparavant. L'Eglise a voulu de tous temps l'anéantissement de ses

the truth of woman-idea, must proceed by
way of ablation, excision, extirpation.
« The Church fights passion with excision
(*Ausschneidung*, severance, castration) in
every sense: its practice, its « cure, » is
castratism. It never asks: « How can one
spiritualize, beautify, deify a craving? » It
has at all times laid the stress of discipine
on extirpation (*Ausrottung*) (of sensuality, of
pride, of the lust to rule (*Herrschsucht*), of
avarice (*Habsucht*), of vengefulness (*Rachsucht*). But attack on the roots of passion
means an attack on the roots of life: the
practice of the church is *hostile to life*
(*lebensfeindlich*). »
Hostile to life, the Church is hostile thus
to woman also who is herself life (*femina
vita*). And not only is castration the
operation that each sex perpetrates against
both itself and the other, castration is that
very operation of woman contra woman.[10]
« The same means in the fight against a
craving—castration, extirpation—is instinc-
tively chosen by those who are too weak-
willed, too degenerate, to be able to impose
moderation on themselves . . . One should
survey the whole history of the priests
and philosophers, including the artists: the
most poisonous things against the senses
have been said not by the impotent, nor by
the ascetics, but by the impossible ascetics,
by those who really were in dire need of
being ascetics . . . » . . . « The spiritualization
of sensuality is called *love*: it represents
a great triumph over Christianity. Another
triumph is our spiritualization of *hostility*. It
consists in a profound appreciation of the
value of having enemies: in short, it means
acting and thinking in the opposite way
(*umgekehrt*) from that which has been the
rule. The church always wanted the
destruction of its enemies; we, we

ennemis: nous autres immoralistes et anti-
chrétiens, nous voyons notre avantage à
ce que l'Eglise subsiste...Le saint qui plaît
à Dieu est le castrat idéal...»

Positions

L'hétérogénéité du texte le manifeste bien.
Nietzsche ne se donnait pas l'illusion,
l'analysait au contraire, de savoir ce qu'il
en était des effets nommés femme, vérité,
castration, ou des effets *ontologiques* de
présence ou d'absence. Il s'est bien gardé de
la dénégation précipitée qui consisterait
à élever un discours simple contre la castration et contre son système. Sans parodie
discrète, sans stratégie d'écriture, sans
différence ou écart de plumes, sans le style,
donc, le grand, le renversement revient au
même dans la déclaration bruyante de
l'antithèse.
D'où l'hétérogénéité du texte.
Renonçant ici à traiter du très grand nombre
de propositions sur la femme, je tenterai
d'en formaliser la règle, de les ramener à un
nombre fini de propositions typées et
matricielles. Puis je marquerai la limite
essentielle d'une telle codification et le
problème de lecture qu'elle détermine.
Trois types d'énoncé, donc, trois propositions
fondamentales qui sont aussi trois positions
de valeur, provoquées depuis trois places
différentes. Ces positions de valeur
pourraient peut-être aussi, après un certain
travail que je ne peux ici qu'indiquer,
prendre le sens que la psychanalyse (par
exemple) donne au mot « *position* ».

immoralists and Antichristians, find our
advantage in this, that the church exists...
The saint in whom God delights is the
ideal eunuch. »

Positions
That Nietzsche had no illusions that he
might ever know anything of these effects
called woman, truth, castration, nor of those
ontological effects of presence and absence,
is manifest in the very heterogeneity of
his text. Indeed it is just such an illusion
that he was analyzing even as he took care
to avoid the precipitate negation where he
might erect a simple discourse against
castration and its system. For the reversal,
if it is not accompanied by a discrete
parody, a strategy of writing, or difference
or deviation in quills, if there is no style,
no grand style, this is finally but the same
thing, nothing more than a clamorous
declaration of the antithesis.
Hence the heterogeneity of the text.
However, rather than examine here the
large number of propositions which treat
of the woman, it is instead their principle,
which might be resumed in a finite number
of typical and matrical propositions, that
I shall attempt to formalize—in order to
mark then the essential limit of such a
codification and the problem that it entails
for reading.
Three types of such a statement are to be
found. Furthermore, these three fundamental
propositions represent three positions of
value which themselves derive from three
different situations. (And according to a
particular sort of investigation (which can
be no more than indicated here) these
positions of value might in fact be read
in the terms (for example) of the psychoanalytic meaning of the word « position ».

1. La femme est condamnée, abaissée, méprisée comme figure ou puissance de mensonge. La catégorie de l'accusation est alors produite au nom de la vérité, de la métaphysique dogmatique, de l'homme crédule qui avance la vérité et le phallus comme ses attributs propres. Les textes – phallogocentriques – écrits depuis cette instance réactive sont très nombreux.

2. La femme est condamnée, méprisée comme figure ou puissance de vérité, comme être philosophique et chrétien, soit qu'elle s'identifie à la vérité, soit que, à distance de la vérité, elle en joue encore comme d'un fétiche à son avantage, sans y croire, mais en demeurant, par ruse et naïveté (la ruse est toujours contaminée de naïveté) dans le système et dans l'économie de la vérité, dans l'espace phallogocentrique. Le procès est alors conduit du point de vue de l'artiste masqué. Mais celui-ci croit encore à la castration de la femme et en reste à l'inversion de l'instance réactive et négative. Jusqu'ici la femme est deux fois la castration: vérité et non-vérité.

3. La femme est reconnue, au-delà de cette double négation, affirmée comme puissance affirmative, dissimulatrice, artiste, dionysiaque. Elle n'est pas affirmée par l'homme mais s'affirme elle-même, en elle-même et dans l'homme. Au sens que je disais tout à l'heure, la castration n'a pas lieu. L'antiféminisme est à son tour renversé, il ne condamnait la femme que dans la mesure où elle était, répondait à l'homme des deux positions réactives.

In the first of these propositions the woman, taken as a figure or potentate of falsehood, finds herself censured, debased and despised. In the name of truth and metaphysics she is accused here by the credulous man who, in support of his testimony, offers truth and his phallus as his own proper credentials. There are numerous examples of such a phallogocentric deposition which represent this reactive instance of negation. Similarly, in the second proposition, the woman is censured, debased and despised, only in this case it is as the figure or potentate of truth. In the guise of the christian, philosophical being she either identifies with truth, or else she continues to play with it at a distance as if it were a fetish, manipulating it, even as she refuses to believe in it, to her own advantage. Whichever, woman, through her guile and naivety (and her guile is always contaminated by naivety), remains nonetheless within the economy of truth's system, in the phallogocentric space. At the head of the prosecution this time is the masked artist who, because he himself still believes in castration, also does not escape the inversion of negation. The woman, up to this point then, is twice castration: once as truth and once as nontruth.

In the instance of the third proposition, however, beyond the double negation of the first two, woman is recognized and affirmed as an affirmative power, a dissimulatress, an artist, a dionysiac. And no longer is it man who affirms her. She affirms herself, in and of herself, in man. Castration, here again, does not take place. And antifemininism, which condemned woman only so long as she was, so long as she answered to man from the two reactive positions, is in its turn overthrown.

Pour que ces trois types d'énoncé forment
un code exhaustif, pour qu'on tente d'en
reconstituer l'unité systématique, il faudrait
que l'hétérogénéité parodique du style, des
styles, soit maîtrisable, et réductible au
contenu d'une thèse. Il faudrait d'autre part,
mais ces deux conditions sont indissociables,
que chaque valeur impliquée dans les trois
schèmes soit *décidable* dans un couple d'opposition, comme s'il y avait un contraire
pour chaque terme: par exemple pour la
femme, la vérité, la castration.

Or la graphique de l'hymen ou du pharmakon, qui inscrit en elle, sans s'y réduire,
l'effet de castration et qui est à l'oeuvre
partout, en particulier dans le texte de
Nietzsche, limite sans appel la pertinence de
ces questions herméneutiques ou systéma-
tiques. Elle soustrait toujours une marge
au contrôle du sens ou du code.

Non qu'il faille passivement prendre son
parti de l'hétérogène ou du parodique (ce
serait encore les réduire). Non qu'il faille
conclure, de ce que le maître sens, le
sens unique et hors greffe est introuvable, à
la maîtrise infinie de Nietzsche, à son
pouvoir imprenable, à son impeccable manipulation du piège, à une sorte de calcul
infini, quasiment celui du Dieu de Leibniz,
mais calcul infini de l'indécidable cette fois,
pour déjouer la prise herméneutique. Ce
serait, pour l'éviter à coup sûr, retomber
aussi sûrement dans le piège. Ce serait faire
de la parodie ou du simulacre un instrument
de maîtrise au service de la vérité ou de
la castration, reconstituer la religion, le culte
de Nietzsche par exemple, et y trouver son

But if these three types of statement are to
form an exhaustive code, if their systematic
unity is to be reconstructed, the parodying
heterogeneity of the style, the styles, should
itself be masterable and reducible to the
content of a single thesis. On the other hand,
and at the same time that these two
conditions remain indissociable, each term
that is implicated in the three schemata
must be *decidable* within an oppositional
couple and in such a way that for each term,
such as woman, truth, castration, there
should exist a counter term.

But the hymen's graphic, that of the
pharmakon, without itself being reduced
to it, inscribes castration's effect within
itself. Everywhere operative, and most
especially in Nietzsche's text, this graphic,
which describes a margin where the control
over meaning or code is without recourse,
poses the limit to the relevance of the
hermeneutic or systematic question.

It is not that it is necessary to choose sides
with the heterogeneous or the parody (which
would only reduce them once again). Nor,
given that the master sense, the sole
inviolate sense, is irretrievable, does it
necessarily follow that Nietzsche's mastery
is infinite, his power impregnable, or his
manipulation of the snare impeccable. One
cannot conclude, in order to outmaneuver
the hermeneutic hold, that his is an infinite
calculus which, but that it would calculate
the undecidable, is similar to that of
Leibniz' God. Such a conclusion, in its
very attempt to elude the snare, succumbs
all the more surely to it. To use parody or
the simulacrum as a weapon in the service of
truth or castration would be in fact to
reconstitute religion, as a Nietzsche cult
for example, in the interest of a priesthood
of parody interpreters (*prêtrise de*

intérêt, prêtrise de l'interprète es parodies,
interprêtrise.

Non, la parodie suppose toujours quelque
part une naïveté, adossée à un inconscient,
et le vertige d'une non-maîtrise, une perte de
connaissance. La parodie absolument
calculée serait une confession ou une table
de la loi.

Il faut se dire, bêtement, que si on ne peut
assimiler – entre eux d'abord – les aphorismes
sur la femme et le reste, c'est aussi que
Nietzsche n'y voyait pas très clair ni d'un
seul clin d'oeil, en un instant, et que tel
aveuglement régulier, rythmé, avec lequel
on n'en finira jamais, a lieu dans le texte.
Nietzsche y est un peu perdu. Il y a de la
perte, cela peut s'affirmer, dès qu'il y a
hymen.

Dans la toile du texte, Nietzsche est un peu
perdu, comme une araignée inégale à ce
qui s'est produit à travers elle, je dis bien
comme une araignée ou comme plusieurs
araignées, celle de Nietzsche, celle de
Lautréamont, celle de Mallarmé, celles de
Freud et d'Abraham.

Il était, il redoutait telle femme châtrée.
Il était, il redoutait telle femme castratrice.
Il était, il aimait telle femme affirmatrice.
Tout cela à la fois, simultanément ou successivement, selon les lieux de son corps et
les positions de son histoire. Il avait affaire
en lui, hors de lui, à tant de femmes. Comme
à Bâle tenant concile.

Le regard d'Œdipe

Il n'y a pas une femme, une vérité en soi
de la femme en soi, cela du moins, il l'a dit,
et la typologie si variée, la foule des mères,

l'interprête ès parodies, interprétrise.)
No, somewhere parody always supposes a
naivety withdrawing into an unconscious,
a vertiginous non-mastery. Parody supposes
a loss of consciousness, for were it to be
absolutely calculated, it would become
a confession or a law table.
This inability to assimilate—even among
themselves—the aphorisms and the rest—
perhaps it must simply be admitted that
Nietzsche himself did not see his way too
clearly there. Not could he, in the
instantaneous blink of an eye. Rather a
regular, rhythmic blindness takes place in
the text. One will never have done with it.
Nietzsche too is a little lost there. But that
there is a loss, that anyway is ascertainable,
as soon as there is hymen.
Nietzsche might well be a little lost in
the web of his text, lost much as a spider
who finds he is unequal to the web he
has spun. Much as a spider indeed,
several spiders even. Nietzsche's spider.
Lautréamont's, that of Mallarmé, those of
Freud and Abraham.
He was, he dreaded this castrated woman.
He was, he dreaded this castrating woman.
He was, he loved this affirming woman.
At once, simultaneously or successively,
depending on the position of his body and
the situation of his story, Nietzsche was
all of these. Within himself, outside of
himself, Nietzsche dealt with so many
women. Like in Basel where he held
council.

The gaze of Oedipus
There is no such thing as a woman, as a
truth in itself of woman in itself. That much,
at least, Nietzsche has said. Not to mention
the manifold typology of women in his
work, its horde of mothers, daughters,

filles, soeurs, vieilles filles, épouses, gouver-
nantes, prostituées, vierges, grand-mères,
petites et grandes filles de son oeuvre.
Pour cette raison même, il n'y a pas une
vérité de Nietzsche ou du texte de Nietzsche.
Quand on lit dans *Jenseits* « ce sont là
mes vérités » en soulignant « *meine* Wahrheiten sind », c'est justement dans un paragraphe sur les femmes. *Mes* vérités, cela
implique sans doute que ce ne sont pas
là des *vérités*, puisqu'elles sont multiples,
bariolées, contradictoires. Il n'y a donc pas
une vérité en soi, mais de surcroît, même
pour moi, de moi, la vérité est plurielle.
Or ce passage se trouve pris entre le fameux
paragraphe sur « *der schreckliche Grundtext
homo natura* » où il en appelle à l'intrépide
regard d'Oedipe (*unerschrocknen Oedipus-
Augen*) contre les appeaux des vieux oiseleurs
métaphysiques (*die Lockweisen alter metaphysischer Vogelfänger*), Oedipe déniaisé
qui ne dénie pas plus qu'il n'assume l'aveuglante charge, et le réquisitoire contre le
féminisme, l'« éternel féminin », la « femme
en soi », Mme Roland, Mme de Staël,
M. George Sand, leur « mauvais goût »;
au « taceat mulier in ecclesia » de l'Eglise,
au « taceat mulier in politicis » de Napoléon,
Nietzsche ajoute, en « véritable ami des
femmes », « taceat mulier de muliere ».[7]
Il n'y a donc pas de vérité en soi de la
différence sexuelle en soi, de l'homme ou de
la femme en soi, toute l'ontologie au
contraire présuppose, recèle cette indécida-
bilité dont elle est l'effet d'arraisonnement,

sisters, old maids, wives, governesses, prostitutes, virgins, grandmothers, big and little girls.

For just this reason then, there is no such thing either as the truth of Nietzsche, or of Nietzsche's text. In fact, in *Jenseits*, it is in a paragraph on women that one reads « these are only—*my* truths » (*meine Wahrheiten sind*). The very fact that « meine Wahrheiten » is so underlined, that they are multiple, variegated, contradictory even, can only imply that these are not *truths*. Indeed there is no such thing as a truth in itself. But only a surfeit of it. Even if it should be for me, about me, truth is plural. On one side of this passage is the famous paragraph on « *der schreckliche Grundtext homo natura* » where Nietzsche appeals to Oedipus whose dauntless gaze (*unerschrocknen Oedipus-Augen*) defiantly confronts the decoys of the ancient metaphysical fowlers (*die Lockweisen alter metaphysischer Vogelfänger*). Oedipus, no longer naive, does not assume their blinding charge any more than he disclaims it. On the other side of the passage is found Nietzsche's indictment of feminism, of the « eternal womanly, » of the « woman in itself. » Condemned here in all their « bad taste » are Mme. Roland, Mme. de Stael and M. Georges Sand. But Nietzsche, in the guise of a « true friend of women, » alleviates his indictment, and to the Church's « taceat mulier in ecclesia » and the Napoleonic « taceat mulier in politicis, » he adds the « taceat mulier de muliere. » [11] Although there is no truth in itself of the sexual difference in itself, of either man or woman in itself, all of ontology nonetheless, with its inspection, appropriation, identification and verification of identity, has resulted in concealing, even as

d'appropriation, d'identification, de vérification d'identité.

Ici, au-delà de la mythologie de la signature, de la théologie de l'auteur, le désir biographique s'incrit dans le texte, y laisse une marque irréductible mais aussi bien irréductiblement plurielle. Le « granit de fatum spirituel » de chacun donne et reçoit les marques, en forme la matière. L'érection tombe. Le texte biographique se fixe, se stabilise pour une durée incertaine et constitue longtemps la stèle indéplaçable, avec tous les risques de cette « *monumentale Historie* » dont les *Unzeitgemäße* ont d'avance reconnu tous les risques. Ce granit, c'est un système de « décisions et de réponses prédéterminées à des questions élues d'avance. A chaque problème cardinal répond un immuable *'das bin ich'*, ('tel je suis'). Par exemple au sujet de l'homme et de la femme un penseur ne peut pas changer d'idée (*umlernen*), seulement épuiser (aller au bout de, *auslernen*) ce qu'il pense... Après les généreuses amabilités que je viens de me servir [il vient de définir le *fatum* spirituel comme notre bêtise] il me sera peut-être permis d'énoncer quelques vérités au sujet de la 'femme en soi'; étant bien entendu qu'on saura dorénavant à quel point ce sont là seulement – *mes vérités* – » (231). Et dans *Ecce homo* (*Pourquoi j'écris de si bons livres*), deux paragraphes se font suite (IV et V) dans lesquels Nietzsche avance successivement qu'il a « un grand nombre de styles possibles », ou qu'il n'y a pas de « style en soi », puis qu'il « connaît bien les femmes [ou plutôt la femelle, *Weiblein*] »: « Cela fait partie de mon patrimoi-

it presupposes it, this undecidability.
Somewhere here, beyond the mythology
of the signature, beyond the authorial
theology, the biographical desire has been
inscribed in the text. The mark which it has
left behind, irreducible though it may be, is
just as irreducibly plural. Their (of these
marks) « granite stratum of spiritual fate »
both confers and receives marks. From them
it forms matter. *L'érection tombe.*[12] The
biographical text, which has been fixed and
stabilized for an indeterminate duration,
constitutes a long while the immovable
stele. Nevertheless the *Unzeitgemäße* had
recognized beforehand the risks involved
in its « *monumentale Historie,* » had
recognized that the granite stratum is a
system of « predetermined decision and
answer to predetermined selected questions.
In the case of every cardinal problem there
speaks an unchangeable « das bin ich »
(« this is I »); about woman and philosophy,
for example, a thinker cannot relearn
(*umlernen*) but only learn fully (*auslernen*)—
only discover all that is 'firm and settled'
with him on this subject . . . Having just
paid myself such a deal of pretty
compliments [the spiritual fate has just
been described as our stupidity] I may
perhaps be more readily permitted to utter
a few truths about 'woman as such':
assuming it is now understood from the
outset to how great an extent these are
only—*my truths.* » (231)
And in *Ecce Homo* (*Why I Write Such
Good Books*), in two succeeding paragraphs
(IV and V), Nietzsche follows his declaration
that he is « capable of many kinds of
style, » or else that there is no such thing
as « style in itself, » with the admission that
he « knows woman [or rather, the female,
Weiblein] »: « This knowledge is part of

ne dionysiaque. Qui sait? Peut-être suis-je
le premier psychologue de l'éternel féminin.
Elle m'aiment toutes, c'est une vieille
historie, excepté les femelles accidentées
(verunglückten *Weiblein*), les 'émancipées',
celles qui manquent d'étoffe pour faire des
enfants. Heureusement je ne suis pas disposé
à me laisser déchirer: la femme accomplie
déchire quand elle aime . . . ».
Dès lors que la question de la femme
suspend l'opposition décidable du vrai et
du non-vrai, instaure le régime époqual des
guillemets pour tous les concepts appartenant
au système de cette décidabilité philosophique, disqualifie le projet herméneutique
postulant le sens vrai d'un texte, libère la
lecture de l'horizon du sens de l'être ou
de la vérité de l'être, des valeurs de production du produit ou de présence du présent,
ce qui se déchaîne, c'est la question du style
comme question de l'écriture, la question
d'une opération éperonnante plus puissante
que tout contenu, toute thèse et tout sens.
L'éperon stylé traverse le voile, ne le
déchire pas seulement pour voir ou produire
la chose même, mais défait l'opposition à
soi, l'opposition pliée sur soi du voilé/
dévoilé, la vérité comme production, dévoil-
ement/dissimulation du produit en présence.
Il ne soulève pas plus qu'il ne laisse
tomber le voile, il en dé-limite le suspens
– l'époque. Dé-limiter, défaire, se défaire,
s'agissant du voile, est-ce que cela ne revient
pas encore à dévoiler? voire à détruire un
fétiche? Cette question, *en tant que question*

my Dionysian patrimony. Who knows?
Maybe I am the first psychologist of the
eternally feminine. Women all like me . . .
But that's an old story: save, of course
the abortions among them (*verunglückten
Weiblein*), the emancipated ones, those
who lack the wherewithal to have children.
Thank goodness I am not willing to let
myself be torn to pieces! the perfect woman
tears you to pieces when she loves you . . . »
The question of the woman suspends the
decidable opposition of true and non-true
and inaugurates the epochal regime of
quotation marks which is to be enforced
for every concept belonging to the system
of philosophical decidability. The hermeneutic project which postulates a true sense
of the text is disqualified under this regime.
Reading is freed from the horizon of the
meaning or truth of being, liberated from
the values of the product's production
or the present's presence. Whereupon the
question of style is immediately unloosed
as a question of writing. The question posed
by the spurring-operation (*opération-
éperonnante*) is more powerful than any
content, thesis or meaning. The stylate spur
(*éperon stylé*) rips through the veil. It rents
it in such a way that it not only allows
there the vision or production of the very
(same) thing, but in fact undoes the sail's
self-opposition, the opposition of veiled/
unveiled (sailed/unsailed) which has folded
over on itself. Truth in the guise of
production, the unveiling/dissimulation
of the present product, is dismantled. The
veil no more raised than it is lowered.
Its suspension is delimited—the epoch.
To de-limit, to undo, to come undone,
when it is a matter of the veil, is that not
once again tantamount to unveiling? even
to the destruction of a fetish? This question,

(entre logos et theoria, dire et voir) reste, interminablement.

Le coup de don
La lecture heideggerienne était en rade – mais nous sommes partis des énigmes de la rade – au moment où elle manquait la femme dans l'affabulation de la vérité; elle ne posait pas la question sexuelle ou du moins la soumettait à la question générale de la vérité de l'être. Or ne vient-on pas d'apercevoir que la question de la différence sexuelle n'était pas une question régionale soumise à une ontologie générale, puis à une ontologie fondamentale, enfin à la question de la vérité de l'être? Et que ce n'était peut-être même plus une *question*?
Les choses ne sont peut-être pas si simples. Les significations ou les valeurs conceptuelles qui forment, semble-t-il, l'enjeu ou le ressort de toutes les analyses nietzschéennes sur la différence sexuelle, sur l'« incessante guerre des sexes », la « haine mortelle des sexes »,[8] sur l'« amour », l'érotisme, etc., ont toutes pour vecteur ce qu'on pourrait nommer le procès de *propriation* (appropriation, expropriation, prise, prise de possession, don et échange, maîtrise, servitude, etc). A travers de nombreuses analyses, que je ne peux suivre ici, il apparaît, selon la loi déjà formalisée, que tantôt la femme est femme en donnant, *en se donnant*, alors que l'homme prend, possède, prend possession, tantôt au contraire la femme en se donnant se *donne-pour*, simule et s'assure ainsi la maîtrise possessive.[9] Le « se-donner-pour », le *pour*, quelle qu'en soit la valeur, qu'il

inasmuch as it is a question, remains—interminably.

Le coup de don
For not having posed the sexual question, or at least for having subsumed it in the general question of truth, Heidegger's reading of Nietzsche has been idling offshore (but we began from the enigmas offshore) ever since it missed the woman in truth's fabulous plot-ting. For hasn't it just been sighted that the question of sexual difference was not at all a regional question in a larger order which would subordinate it first to the domain of a general ontology, subsequently to that of a fundamental ontology and finally to the question of the truth of being itself? Indeed, it may no longer even be a *question*.
Still, perhaps things are not so simple. The conceptual significations and values which would seem to decide the stakes or means in Nietzsche's analysis of the sexual difference, of the « eternal war between the sexes, » and the « mortal hatred of the sexes »,[13] « of love, » eroticism, etc., are all based on what might be called a process of *propriation* (appropriation, expropriation, taking, taking possession, gift and barter, mastery, servitude, etc.). Thus, in numerous analyses (which it is impossible to elaborate here), the woman's appearance takes shape according to an already formalized law. Either, at times, woman is woman because she gives, *because she gives* herself, while the man for his part takes, possesses, indeed takes possession. Or else, at other times, she is woman because, in giving, she is in fact *giving herself for*, is simulating, and consequently assuring the possessive mastery for her own self.[14] The *for* which appears in the « to-give-oneself-for, »

trompe en donnant l'apparence ou qu'il introduise quelque destination, finalité ou calcul retors, quelque retour, amortissement ou bénéfice dans la perte du propre, le *pour* retient le don d'une réserve et change dès lors tous les signes de l'opposition sexuelle. Homme et femme changent de place, échangent leur masque à l'infini. « Les femmes ont su, par leur soumission (*Unterordnung*), s'assurer l'avantage prépondérant, voire la domination (*Herrschaft*) » (412). Si l'opposition du *donner* et du *prendre*, du *posséder* et du *possédé* est une sorte de leurre transcendantal produit par la graphique de l'hymen, le procès de propriation échappe à toute dialectique comme à toute décidabilité ontologique.

On ne peut donc plus se demander « qu'*est-ce* que le propre, l'appropriation, l'expropriation, la maîtrise, la servitude, etc? ». En tant qu'opération sexuelle – et nous ne savons pas la sexualité *avant* elle – la propriation est plus puissante, parce qu'indécidable, que la question *ti esti*, que la question du voile de la vérité ou du sens de l'être. D'autant plus – mais cet argument n'est ni second ni supplémentaire – que le procès de propriation organise la totalité du procès de langage ou d'échange symbolique en général, y compris, donc, tous les *énoncés* ontologiques. L'histoire (de la) vérité (est) un procès de propriation. Le propre ne relève donc pas d'une interrogation onto-phénoménologique ou sémantico-herméneutique. La question du sens ou de la vérité de l'être n'est pas *capable* de la question du propre,

whatever its value, whether it deceives by
giving only an appearance of, or whether
it actually introduces some destination,
finality or twisted calculation, some return,
redemption or gain, into the loss of proper-ty
(*propre*), this *for* nonetheless continues to
withhold the gift of a reserve. Henceforth
all the signs of a sexual opposition are
changed. Man and woman change places.
They exchange masks *ad infinitum.* « Women
have known how to secure for themselves
by their subordination the greatest
advantage, in fact the upper hand (*Herrschaft*). » *Human All Too Human,* (412).
Should the opposition of *give* and *take*,
of *possess* and *possessed*, be nothing more
than a transcendental snare which is
produced by the hymen's graphic, it would
then escape not only dialectics, but also any
ontological decidability.
As a result, the question, « what *is* proper-ty
(*propre*), what *is* appropriation, expropriation,
mastery, servitude, etc. », is no longer
possible. Not only is propriation a sexual
operation, but *before* it there was no
sexuality. And because it is finally undecidable, propriation is more powerful than
the question *ti esti*, more powerful than
the veil of truth or the meaning of being.
Furthermore, according to a second argument,
which is neither secondary nor supplemen-
tary, propriation is all the more powerful
since it is its process that organized both the
totality of language's process and symbolic
exchange in general. By implication,
then, it also organized all ontological
statements. The history (of) truth (is) a
process of propriation. And it is not from
an onto-phenomenological or semantico-herme-
neutic interrogation that proper-ty (*propre*)
is to be derived. For the question of the
truth of being is not *capable* of the question

de l'échange indécidable du plus en moins, du donner-prendre, du donner-garder, du donner-nuire, du *coup de don*. Elle n'en est pas capable parce qu'elle y est inscrite.

Chaque fois que surgit la question du propre, dans les champs de l'économie (au sens restreint), de la linguistique, de la rhétorique, de la psychanalyse, de la politique, etc., la forme onto-herméneutique de l'interrogation montre sa limite.

Cette limite est singulière. Elle ne détermine pas un domaine ontique ou une région ontologique, mais la limite de l'être même. Il y aurait donc beaucoup de hâte à en conclure qu'on va pouvoir purement et simplement se passer des ressources critiques de la question ontologique, en général ou dans la lecture de Nietzsche. Il serait tout aussi ingénu de conclure que, la question du propre ne relevant plus de la question de l'être, on devrait pouvoir s'en occuper directement, comme si on *savait ce qu'est* le propre, la propriation, l'échange, le donner, le prendre, la dette, le *coût*, etc. En tenant alors des discours confortablement installés dans tel ou tel champ déterminé, on resterait, faute d'en élaborer le problème, dans la présupposition onto-herméneutique, dans la relation pré-critique au signifié, dans le retour à la parole présente, à la langue naturelle, à la perception, à la visibilité, en un mot à la conscience et à tout son système phénoménologique. Ce risque ne date pas d'hier mais il redevient très actuel.

J'indique d'un schéma pourquoi, au point où

of proper-ty (*propre*). On the contrary, it falls short of the undecidable exchange of more into less. Already inscribed in the give-take, give-keep, give-jeopardize, in short in the *coup de don*, this question is incapable of answering for them.

And the question of proper-ty (*propre*) has only to loom up in the field of economy (in its restricted sense), linguistics, rhetoric, psychoanalysis, politics, etc., for the onto-hermeneutic interrogation to reveal its limit.

This limit is a singular one. And its singularity lies in the fact that it determines not so much an ontical or ontological region as the very limit of being itself. Even given this, however, it would be precipitate to conclude that, either in general, or more specifically in a reading of Nietzsche, the critical resources of the ontological question might simply be dispensed with. Equally naive though would be to conclude that, since the question of proper-ty (*propre*) is no longer a derivative of the question of being, it is thus available to direct examination. Proper-ty (*propre*)—as if one even knew *what it is*—propriation, exchange, give, take, debit, price (*coût*), etc. The discourse that does not expand on this problem, that settles comfortably into its own private domain, this discourse also never departs from the onto-hermeneutic presupposition, but remains in its pre-critical relation to the signified, in the return to the presence of the spoken word, to a natural language, to perception, visibility, in a word, to consciousness, and its phenomenological system. Such a risk, of course, doesn't date from yesterday, but it is once again immediate.

And now that we have reached this point, I might schematically indicate why the

nous en sommes, la lecture de Heidegger
(du Heidegger lecteur de Nietzsche, la lecture *de* Heidegger, celle qu'il pratique aussi
bien que celle que nous risquons ici de son
texte) ne me paraît pas *simplement* en
défaut par rapport à cette dé-limitation de la
problématique ontologique.[10]
Dans la presque totalité de son trajet, elle
se maintient en effet – c'est ce qu'on retient
souvent comme sa thèse – dans l'espace
herméneutique de la question de la vérité
(de l'être). Et elle conclut, prétendant
pénétrer au plus intime de la volonté pensante de Nietzsche (voir plus haut), que
celle-ci *appartenait* encore, pour l'accomplir,
à l'histoire de la métaphysique.
Sans doute, à supposer encore que la valeur
d'*appartenance* ait quelque sens unique et ne
s'emporte pas elle-même.
Mais une certaine déhiscence ouvre cette
lecture sans la défaire, l'ouvre sur une autre
qui ne s'y laisse plus enclore. Non qu'elle ait
en retour un effet critique ou destructeur
sur ce qui se soumet ainsi à la violence
mais aussi à la nécessité quasi interne de
cette déhiscence. Mais elle en transforme la
figure et réinscrit à son tour le geste herméneutique. C'est pourquoi, en désignant « la
presque totalité d'un trajet », je n'avançais
pas une appréciation quantitative; j'annon-
çais plutôt une autre forme d'organisation
qui s'abrite sous cette considération statisti-
que.
Cette déhiscence surviendrait chaque fois
que Heidegger soumet, ouvre la question de

reading of Heidegger (this might itself be
read either as Heidegger, the reader of
Nietzsche, or as the reading *of* Heidegger;
the one he is practicing on Nietzsche as
well as the one we venture here to practice
on his own text) does not appear to be
simply deficient with respect to the de-
limitation of the ontological problematic.[15]
Thus, as is often taken to be its thesis,
Heidegger's reading subsists, throughout
the near totality if its trajectory, in the
hermeneutic space of the question of the
truth (of being). In presuming to penetrate
to the most intimate reaches of Nietzsche's
thinking will (see above), Heidegger
concludes that this will, because it aimed
to culminate it, still properly *belonged* to
the history of metaphysics.
This might yet be the case—if one persists
in the assumption that some single meaning
can still be attached to the value of
belonging, that this value is not already
its own abduction.
Heidegger's reading yields to a violent
yet almost internal necessity and, although
not actually undone, is nonetheless opened
up by a certain dehiscence. It is thus forced
to open on to still another reading which
for its part refuses to be contained there.
Not that this reading should in return
exact its toll there of a critical or destructive
effect. Rather what happens is that it
converts the figure and in its turn
reinscribes the hermeneutic gesture.
This should explain why my designation
of the « near totality of a trajectory » did
not propose a quantitative estimation but
suggested instead a different form of
organization which covers itself in such
a statistical consideration.
Each time that Heidegger refers the question
of being to the question of the proper-ty

l'être à la question du propre, du proprier, de la propriation (*eigen, eignen, ereignen, Ereignis* surtout). Ce n'est pas une rupture ou un tournant dans la pensée de Heidegger. Déjà l'opposition de l'*Eigentlichkeit* et de l'*Uneigentlichkeit* organisait toute l'analytique existentiale de *Sein und Zeit.* Une certaine valorisation du propre et de l'*Eigentlichkeit* – la valorisation elle-même – ne s'interrompt jamais. C'est là une permanence dont il faut tenir compte et dont la nécessité doit être sans cesse interrogée.

Mais un mouvement oblique dérange régulièrement cet ordre et inscrit la vérité de l'être dans le procès de propriation. Procès qui, pour être aimanté par la valorisation du propre, par la préférence indéracinable pour le propre, n'en conduit pas moins à la structure abyssale du propre. Cette structure abyssale est une structure non-fondamentale, à la fois superficielle et sans fond, toujours encore « plate », dans laquelle le propre s'envoie par le fond, sombre dans l'eau de son propre désir sans jamais rencontrer, s'enlève et s'emporte – de lui-même. Passe dans l'autre.

Sans doute a-t-on le plus souvent l'impression – et la masse des énoncés, la qualité de leurs connotations le confirment – d'une nouvelle métaphysique de la propriété, de la métaphysique en somme. C'est ici que l'opposition entre métaphysique et non-métaphysique rencontre à son tour sa limite, qui est la limite même *de* cette opposition, de la forme de l'opposition. Si la forme de l'opposition, la structure oppositionnelle, est métaphysique, le rapport de la métaphy-

(*propre*), of propriate, of propriation (*eigen, eignen, ereignen, Ereignis* especially) this dehiscence bursts forth anew. Its irruption here though does not mark a rupture or turning point in the order of Heidegger's thought. For already in *Sein und Zeit* the opposition of *Eigentlichkeit and Uneigentlichkeit* was organizing the existential analytic. Once there has been a certain valuation of the proper-ty (*propre*) and *Eigentlichkeit*, it can never be interrupted. This permanency, which is that of valuation itself, must be accounted for and its necessity unremittingly interrogated.

The order of Heidegger's thought is, however, regularly disoriented by an oblique movement which inscribes truth in the process of propriation. Although this process is as if magnetized by a valuation or an ineradicable preference for the proper-ty (*propre*), it all the more surely leads to this proper-ty's (*propre*) abyssal structure. In such a structure, which is a non-fundamental one, at once superficial and bottomless, still and always « flat, » the proper-ty (*propre*) is literally sunk. Even as it is carried away of itself by its desire, it founders there in the waters of this its own desire, unencounterable—of itself. It passes into the other.

In its turn, the opposition between metaphysic and non-metaphysic encounters its limit here, the very limit *of* that opposition and of opposition's form. This might give the impression then of a new metaphysic of property, indeed a new metaphysic. The many instances of such an impression are in fact attested to by the abundance and connotative qualities of statements to that effect. But—if the form of opposition and the oppositional structure are themselves metaphysical, then the

sique à son autre ne peut plus être d'opposition.

Abîmes de la vérité
Chaque fois que les questions métaphysiques
et la question de la métaphysique sont
inscrites dans la question plus puissante
de la propriation, tout cet espace se réorga-
nise.
Cela survient assez régulièrement, sinon de
façon spectaculaire, et d'abord, ce qui n'est
pas fortuit, dans le dernier chapitre du
Nietzsche (*Die Erinnerung in die Metaphysik*). On y passe d'une proposition du type
« *Das Sein selbst sich anfänglich ereignet* »,
que, à la suite de Klossowski,[11] je renonce
à traduire, à une proposition dans laquelle
l'« être » lui-même est réduit (*das Ereignis
er – eignet*). Entre les deux: « *...und so noch
einmal in der eigenen Anfängnis die reine
Unbedürftigkeit sich ereignen läßt, die selbst
ein Abglanz ist des Anfänglichen, das als
Er-eignung der Wahrheit sich ereignet* ».
Et enfin la question de la production du
faire et de la machination, de l'*événement*
(c'est un des sens de *Ereignis*) ayant été
arrachée à l'ontologie, la propriété ou la
propriation du propre est précisément nom-
mée comme ce qui n'est propre à rien, ni
donc à personne, ne décide plus de l'appropriation de la vérité de l'être, renvoie dans
le sans-fond de l'abyme la vérité comme
non-vérité, le dévoilement comme voilement,
l'éclairement comme dissimulation, l'histoire
de l'être comme histoire dans laquelle rien,
aucun étant n'advient mais seulement le
procès sans fond de l'*Ereignis*, la propriété
de l'abyme (*das Eigentum des Ab-grundes*)
qui est nécessairement l'abyme de la propriété, la violence aussi d'un événement qui
advient sans être. L'abyme de la vérité

relation of metaphysics to its other can
no longer be one of opposition.

Abysses of truth
Metaphysical questions and the question
of metaphysics have only to be inscribed
in the more powerful question of propriation
for their space to be reorganized.
This occurs quite regularly, if not in fact
spectacularly. Its first incidence in the final
chapter of *Nietzsche* (*Die Erinnerung in die
Metaphysik*) is not a fortuitous one. Here
a proposition of the type « *Das Sein selbst
sich anfänglich ereignet* » (which, as
Klossowski has aptly observed,[16] defies
translation) gives way to a proposition
in which « Being » itself is reduced (*Das
Ereignis er-eignet*)—gives way, but only
after the intervention between them of
« . . . *und so noch einmal in der eigenen
Anfängnis die reine Unbedürftigkeit sich
ereignen läßt, die selbst ein Abglanz ist des
Anfänglichen, das als Er-eignung der Wahrheit
sich ereignet.* » Finally then, once the
question of production, doing, machination,
the question of the *event* (which is one
meaning of *Ereignis*) has been uprooted
from ontology, the propert-y or propriation
is named as exactly that which is proper
to nothing and no one. Truth, unveiling,
illumination are no longer decided in
the appropriation of the truth of being,
but are cast into its bottomless abyss as
non-truth, veiling and dissimulation. The
history of Being becomes a history in which
no being, nothing, happens except *Ereignis*'
unfathomable process. The proper-ty of the
abyss (*das Eigentum des Ab-grundes*) is
necessarily the abyss of proper-ty, the
violence of an event which befalls without
Being.
Perhaps truth's abyss as non-truth,

comme non-vérité, de la propriation comme
appropriation/a-propriation, de la déclaration
comme dissimulation parodique, on se
demandera si c'est ce que Nietzsche appelle
la forme du style et le non-lieu de la femme.
Le don – prédicat essentiel de la femme –
qui apparaissait dans l'oscillation indécidable
du se donner/se donner-pour, donner/pren-
dre, laisser-prendre/s'approprier a la valeur
ou le coût du poison. Le coût du *pharmakon*.
Je renvoie ici à la très belle analyse de
Rodolphe Gasché sur l'équivalence indécidable du *gift-gift* (don-poison), *L'échange
héliocentrique* (sur Mauss, dans *L'Arc*).
C'est à cette opération enigmatique du don
abyssal, (le don-s'endette, le don sans dette)
que Heidegger *soumet* aussi la question
de l'être dans *Zeit und Sein* (1962). Au
cours d'une démarche que je ne peux
reconstituer ici, il fait apparaître, à propos
du *es gibt Sein*, que le *donner* (*Geben*) et la
donation (*Gabe*) en tant qu'ils constituent
le procès de propriation et qu'ils ne sont de
rien (ni d'un étant-sujet, ni d'un étant-objet),
ne se laissent plus penser dans l'être, dans
l'horizon ou à partir du sens de l'être,
dans l'horizon ou à partir du sens de l'être,
de la vérité.
De même qu'il n'y a pas d'être ou d'essence
de *la* femme ou de *la* différence sexuelle,
il n'y a pas d'essence du *es gibt* dans le *es
gibt Sein*, du don et de la donation de l'être.
Ce « de même que » n'est pas de rencontre.
Il n'y a pas de don de l'être à partir duquel
quelque chose comme un don déterminé
(du sujet, du corps, du sexe et autres choses
semblables – la femme n'aura donc pas été
mon sujet) se laisse appréhender et mettre en
opposition.
Cela n'entraîne pas qu'il faille procéder à

propriation as appropriation/a-propriation,
the declaration become parodying
dissimulation, perhaps this is what
Nietzsche is calling the style's form and
the no-where of woman. The gift, which
is the essential predicate of woman, appeared
in the undecidable oscillation of to give
oneself/to give oneself for, give/take,
let take/appropriate. Its value or price
(*coût*) is that of poison. The price (*coût*)
of a *pharmakon*. (Cf. Rodolphe Gasché's
fine analysis of the undecidable equivalence
of *gift-gift* (gift-poison) in *L'échange
héliocentrique*, on Mauss, in *L'Arc*.)
Heidegger, furthermore, in *Zeit und Sein*
(1962), submits the question of Being itself
to the enigmatic operation of the abyssal
gift (*le don s'endette/le don sans dette*).
In his development (which cannot be
reconstructed here) of the *es gibt Sein*
Heidegger demonstrates that the *giving*
(*Geben*) and the *gift* (*Gabe*), which in fact
amount to nothing (to neither a subject being
nor an object being), cannot be thought of
in terms of Being. Because they constitute
the process of propriation, the *giving* and
the *gift* can be construed neither in the
boundaries of Being's horizon nor from the
vantage point of its truth, its meaning.
Just as there is no such thing then as a
Being or an essence of *the* woman or the
sexual difference, there is also no such thing
as an essence of the *es gibt* in the *es gibt
Sein,* that is, of Being's giving and gift.
The « just as » finds no conjuncture. There
is no such thing as a gift of Being from which
there might be apprehended and opposed
to it something like a determined gift
(whether of the subject, the body, of the
sex or other like things—so woman, then,
will not have been my subject.)
Still, it does not follow from this that one

un simple renversement et faire de l'être un
cas particulier ou une espèce du genre
proprier, donner/prendre la vie/la mort,
un cas de l'événement en général nommé
Ereignis. Heidegger prévient contre la nullité
et le non avenu d'un tel renversement conceptuel de l'espèce et du genre.[12]
Telle serait la piste, peut-être, sur laquelle
relancer la lecture de « Nietzsche » par
Heidegger, la voler hors du cercle herméneutique, avec tout ce qu'elle flèche, un champ
immense. Dont la mesure ne se donne
sans doute qu'au pas de colombe.
Ici pourrait commencer un autre discours sur
le colombaire de Nietzsche.

« J'ai oublié mon parapluie »
« J'ai oublié mon parapluie ».
Parmi les fragments inédits de Nietzsche, on
a trouvé ces mots, tout seuls, entre guillemets.[13]
Peut-être une citation.
Peut-être a-t-elle été prélevée quelque part.
Peut-être a-t-elle été entendue ici ou là.
Peut-être était-ce le propos d'une phrase à
écrire ici ou là.
Nous n'avons aucun moyen infaillible de
savoir où le prélèvement a eu lieu, sur quoi
la greffe aurait pu prendre. Nous ne serons
jamais *assurés* de savoir ce que Nietzsche a
voulu faire ou dire en notant ces mots.
Ni même s'il a *voulu* quoi que ce fût. A
supposer encore qu'on n'ait aucun doute sur
sa signature autographe et qu'on sache quoi
mettre sous le concept d'autographie et la
forme d'un seing.
A cet égard, la note des éditeurs qui ont

should, by a simple reversal, transform
Being into a particular case or species of
the genus *propriate*, give/take, life/death.
Heidegger himself cautions against making
of Being a mere incident in the event called
Ereignis and warns of the futile nullity of
a conceptual reversal of this sort between
species and genus (*genre*).[17]
On such a track one might flush out once
again Heidegger's reading of « Nietzsche »
and abscond with it outside the speculum
and the hermeneutic circle and everything
it points out (*tout ce qu'il flèche*) towards
an enormous field of dimensions
immeasurable—except perhaps by the steps
of a dove.
Another discourse on Nietzsche's
columbarium might well begin here.

"I have forgotten my umbrella"
« I have forgotten my umbrella. »
These words were found, isolated in
quotation marks, among Nietzsche's
unpublished manuscripts.[18]
Maybe a citation.
It might have been a sample picked up
somewhere, or overheard here or there.
Perhaps it was the note for some phrase to
be written here or there.
There is no infallible way of knowing the
occasion of this sample or what it could
have been later grafted onto. We never will
know *for sure* what Nietzsche wanted to
say or do when he noted these words,
nor even that he actually *wanted* anything.
And even this is still assuming, of course,
that there is no doubt that it is Nietzsche's
autograph signature here, assuming also that
one even knows what is included under the
concept of autography and the form of
a *seing*.[19]
Given this lack of assurance, the note

classé ces inédits est un monument de som-
nambulisme herméneutique dont chaque mot
recouvre avec la tranquillité la plus insou-
ciante une fourmillière de questions critiques.
Il faudrait la passer au crible pour faire
le relevé de tous les problèmes qui nous
occupent ici.

Peut-être saurons-nous un jour quel est le
contexte signifiant de ce parapluie. Les
éditeurs le savent peut-être, quoiqu'ils n'en
disent rien; ils déclarent n'avoir retenu, dans
leur travail de sélection et de mise au point
des manuscrits, que ceux qui communiquent
avec ce qu'ils jugent être un travail «élaboré»
de Nietzsche.[14]

Peut-être un jour, avec du travail et de la
chance, pourra-t-on reconstituer le contexte
interne ou externe de ce « j'ai oublié mon
parapluie ». Or cette possibilité factuelle
n'empêchera jamais qu'il soit marqué dans la
structure de ce fragment (mais le concept
de fragment n'y suffit plus, il en appelle
trop de sa fracture au complément totalisant),
qu'il puisse à la fois rester entier et à tout
jamais sans autre contexte, coupé non seulement de son milieu de production mais de
toute intention ou vouloir-dire de Nietzsche,
ce vouloir-dire et cette signature appropriante nous demeurant au principe inacces-
sibles.

Non que cet inaccessible soit la profondeur
d'un secret, il peut être inconsistant, insi-
gnifiant. Nietzsche n'a peut-être rien voulu

which the editors have appended to their
classification of these unpublished pieces is
a monument to hermeneutic somnambulism.
In blithest complacency their every word
obscures so well a veritable beehive of
critical questions that only the minutest
scrutiny could possibly recover there those
questions which preoccupy us here.
One day though, we shall perhaps know
the signifiant context of this umbrella.
Perhaps the editors themselves already
know. But if they do, they are not saying.
According to their testimony they would
have withheld nothing in their selection and
appointment of the manuscripts but those
of Nietzsche's fragments which correspond
to what they judge to be an « over-wrought »
work of his.[20]
Nevertheless, by dint of diligence and good
fortune, the internal and external context
of the « I have forgotten my umbrella »
could even one day be reconstructed. Such
a factual possibility, however, does not
alter the fact of that other possibility which
is marked in the fragment's very structure.
(The concept of fragment, however, since
its fracturedness is itself an appeal to
some totalizing complement, is no longer
sufficient here.) For it is always possible
that the « I have forgotten my umbrella »,
detached as it is, not only from the milieu
that produced it, but also from any intention
or meaning on Nietzsche's part, should
remain so, whole and intact, once and for
all, without any other context. The meaning
and the signature that appropriates it remain
in principle inaccessible.
That inaccessibility though is not necessarily
one of some hidden secret. It might just
as easily be an inconsistency, or of no
significance at all. What if Nietzsche himself
meant to say nothing, or a least not much

dire ou bien il a peut-être voulu dire peu de
chose, ou n'importe quoi, ou encore fait
semblant de vouloir dire quelque chose.
Cette phrase n'est peut-être pas de Nietzsche,
même si l'on se croit sûr d'y reconnaître
sa main. Qu'est-ce qu'écrire de sa main?
Assume-t-on, signe-t-on tout ce qu'on écrit
de sa main? Assume-t-on même sa « propre »
signature? La structure même de la signature
(la signature/tombe) disqualifie la forme
de ces questions.[15]
Puis cette phrase est entre guillemets. Puis
l'on n'a même pas besoin de guillemets pour
supposer qu'elle n'est pas de part en part
« de lui », comme on dit. Sa simple lisibilité
suffit à l'exproprier.
Nietzsche a encore pu disposer d'un code
plus ou moins secret qui, pour lui ou quelque
complice inconnu, pouvait donner sens à
cet énoncé.
Nous ne le saurons jamais. Du moins pouvons
nous ne jamais le savoir et de cette possibilité, de cet impouvoir il faut tenir compte.
Ce compte est marqué dans la *restance* de ce
non-fragment comme trace, il le soustrait
à toute question herméneutique assurée de
son horizon.
Lire, se rapporter à une écriture, c'est donc
perforer cet horizon ou ce voile herméneutique, éconduire tous les Schleiermacher,
tous les faiseurs de voile, selon le mot de
Nietzsche rapporté par Heidegger. Et il
s'agit bien de *lire* cet inédit, *ce pour quoi*
il se donne en se dérobant, comme une
femme ou une écriture. Car cette phrase est

of anything, or anything whatever? Then again, what if Nietzsche was only pretending to say something? In fact, it is even possible that it is not Nietzsche's sentence, and this notwithstanding any confident certainty that it is indeed written in his hand. What, after all, is handwriting? Is one obliged, merely because something is written in one's hand, to assume, or thus to sign it? Does one assume even one's own signature? The formulation of such questions, however, is disqualified by the signature's structure (*la signature/tombe.*)[21] Furthermore, if one is going to suppose that this sentence is not « his » through and through, it is hardly necessary to recall the fact that this sentence appears in quotation marks in Nietzsche's text. Its mere readability alone would be enough to expropriate it.

Could Nietzsche have disposed of some more or less secret code, which, for him or for some unknown accomplice of his, would have made sense of this statement? We will never know. At least it is possible that we will never know and that powerlessness (*impouvoir*) must somehow be taken into account. Much as a trace which has been marked in what *remains* of this nonfragment, such an account would withdraw it from any assured horizon of a hermeneutic question.

Reading, which is to relate to writing, is to perforate such an horizon or the hermeneutic sail. Thus, according to Nietzsche's story and as it is cited by Heidegger, the Schleiermachers and the veilmakers are routed. And as far as the unpublished piece goes, it is indeed still a matter of *reading* it, its *what for*, or why, like a woman or like writing, it passes itself off for what it passes itself off for.

lisible. Sa transparence s'étale sans pli, sans
réserve. Son contenu paraît d'une intelligibi-
lité plus que plate. Chacun comprend ce
que veut dire « j'ai oublié mon parapluie ».
J'ai (verbe avoir, encore qu'utilisé comme
auxiliaire et que l'avoir de mon parapluie
soit marqué dans l'adjectif possessif), un
parapluie, qui est bien à moi et que j'ai
oublié. Je peux décrire la chose. Maintenant
je ne l'ai plus, au présent, j'ai donc dû
l'oublier quelque part, etc. Je me rappelle
mon parapluie, je me rappelle à mon parapluie. C'est une chose qu'on peut avoir ou
n'avoir plus au moment où on en a le plus
besoin ou avoir encore quand on n'en a
plus besoin. Question de temps.
Cette strate de lisibilité peut éventuellement
donner lieu à des traductions sans perte dans
toutes les langues qui disposent d'un certain
matériau. Ce matériau, il est vrai, ne se
limite pas au signe « parapluie » (et à quelques autres) dans la langue, ni même à
la présence de la « chose » dans la culture,
mais à un énorme fonctionnement. Cette
strate de lisibilité peut aussi donner lieu à
d'autres opérations interprétatives plus
élaborées. On peut par exemple en proposer
un décryptage « psychanalytique » en la
rattachant, après le détour d'une certaine
généralité, à l'idiome nietzschéen. On sait
ou l'on croit savoir quelle est la figure
symbolique du parapluie: par exemple l'éperon hermaphrodite d'un phallus pudiquement
replié dans ses voiles, organe à la fois
agressif et apotropaïque, menaçant et/ou
menacé, objet insolite qu'on ne trouve pas
toujours par simple rencontre avec une

No fold, no reserve appears to mark its
transparent display. In fact, its content
gives the appearence of a more than flat
intelligibility. Everyone knows what « I have
forgotten my umbrella » means. I have
(the verb to have (*verbe avoir*)—even if it
is used here as an auxiliary and although
the fact of my having an umbrella is further
marked by the possessive adjective) an
umbrella. It is mine. But I forgot it. I can
describe it. But now I don't have it anymore.
At hand. I must have forgotten it somewhere,
etc. I remember my umbrella. I remind
myself of my umbrella. An umbrella is
that sort of thing that, just when it is really
needed, one might either have or *not have
any more* (*n'avoir plus*). Or else one still
has it when it is no longer needed. Simply
a question of the weather at the time
(of *temps*, time and/or weather).
Such a stratum of readability could eventually
be translated with no loss into any language
which disposes of a certain material. It is
true that this material is not just the sign
« umbrella » in a given language, nor
is it even the « object »'s presence in that
culture. But because this material consists in
fact in an enormous operation, this stratum
of readability admits not only of translation
but also of much more elaborated operations.
A « psychoanalytic » decoding, for example,
could be proposed which would ultimately,
after a detour via certain generalities, of
course, relate it to Nietzsche's idiom. The
umbrella's symbolic figure is well-known,
or supposedly so. Take, for example,
the hermaphroditic spur (*éperon*) of a
phallus which is modestly enfolded in its
veils, an organ which is at once aggressive
and apotropaic, threatening and/or
threatened. One doesn't just happen onto
an unwonted object of this sort in a

machine à recoudre sur une table de castration.

C'est non seulement un objet symbolique pour Freud mais presque un concept, la métaphore d'un concept métapsychologique, tout près du fameux *Reizschutz* du système Perception-Conscience. De plus, ce qui est rappelé, ce n'est pas seulement le parapluie, mais l'oubli de la chose, et la psychanalyse, qui s'y connaît en oubli et en symboles phalliques, peut espérer s'assurer la maîtrise herméneutique de ce reste ou du moins soupçonner, car les psychanalystes ne sont pas si naïfs qu'on a parfois intérêt à le croire, qu'à compléter prudemment le contexte, en articulant et en rétrécissant les généralités, on pourra un jour saturer l'attente interprétative. En quoi le ou la psychanalyste se mettrait au principe, quoique moins naïvement, dans la même situation que le lecteur primesautier ou que l'herméneute ontologiste qui pensent tous que cet inédit est un aphorisme signifiant, qu'il doit vouloir dire quelque chose, qu'il doit venir du plus intime de la pensée de l'auteur, pourvu qu'on oublie qu'il s'agit d'un texte, d'un texte en restance, voire oublié, peut-être d'un parapluie. Qu'on ne tient plus dans la main. Cette restance n'est entraînée en aucun trajet circulaire, aucun itinéraire propre entre son origine et sa fin. Son mouvement n'a aucun centre. Structurellement émancipée de tout vouloir-dire vivant, elle peut toujours ne rien vouloir-dire, n'avoir aucun sens déci-

sewing-up machine(*machine à recoudre*) on a castration table.

The umbrella, though, is not just a symbolic object for Freud. The metaphor of a metapsychological concept, like the famous *Reizschutz* of the perception-consciousness system, it is in fact itself almost a concept. Furthermore it is not only the umbrella that is recalled but also its having been forgotten. And psychoanalysis, familiar as it is with forgetting and phallic objects, might yet aspire to a hermeneutic mastery of these remains. And if not, the psychoanalysts, who are otherwise not so naive as one might have an interest in thinking them, can still continue to suspect that, if these generalities were to be articulated and narrowed and the context itself thus prudently completed, they would one day be able to satisfy their interpretative expectations. In this respect the analyst, albeit somewhat less naive, he or she rejoins in principle the impulsive reader or hermeneut ontologist in their common belief that this unpublished piece is an aphorism of some signifiance. Assured that it must mean something, they look for it to come from the most intimate reaches of this author's thought. But in order to be so assured, one must have forgotten that it is a text that is in question, the remains of a text, indeed a forgotten text. An umbrella perhaps. That one no longer has in hand.

The remainder (*restance*) that is this « I have forgotten my umbrella » is not caught up in any circular trajectory. It knows of no proper itinerary which would lead from its beginning to its end and back again, nor does its movement admit of any center. Because it is structurally liberated from any living meaning, it is always possible that it means nothing at all or that it has no

dable, jouer parodiquement au sens, se
déporter par greffe, sans fin, hors de tout
corps contextuel ou de tout code fini. Lisible
comme un écrit, cet inédit peut toujours
rester secret, non qu'il détienne un secret
mais parce qu'il peut toujours en manquer et
simuler une vérité cachée dans ses plis.
Cette limite est prescrite par sa structure
textuelle, se confond aussi bien avec elle; et
c'est elle qui, de son jeu, provoque et
désarçonne l'herméneute.

N'en concluez pas qu'il faille renoncer tout
de suite à savoir ce que *ça* veut dire: ce
serait encore la réaction esthétisante et
obscurantiste de l'*hermeneuein*. Pour tenir
compte, le plus rigoureusement possible,
de cette limite structurelle, de l'écriture
comme restance marquante du simulacre, il
faut au contraire pousser le déchiffrement
aussi loin qu'il est possible. Telle limite ne
vient pas border un savoir et annoncer un
au-delà, elle traverse et divise un travail
scientifique dont elle est aussi la condition
et qu'elle ouvre à lui-même.

Si Nietzsche avait voulu dire quelque chose,
ne serait-ce pas cette limite de la volonté de
dire, comme effet d'une volonté de puissance
nécessairement différentielle, donc toujours
divisée, pliée, multipliée?

On ne pourra jamais en suspendre l'hypo-
thèse, si loin qu'on pousse l'interprétation
consciencieuse, la totalité du texte de
Nietzsche est peut-être, énormément, du type
« j'ai oublié mon parapluie ».

decidable meaning. There is no end to its
parodying play with meaning, grafted here
and there, beyond any contextual body
or finite code. It is quite possible that that
unpublished piece, precisely because it is
readable as a piece of writing, should
remain forever secret. But not because it
withholds some secret. Its secret is rather
the possibility that indeed it might have
no secret, that it might only be pretending
to be simulating some hidden truth within
its folds. Its limit is not only stipulated
by its structure but is in fact intimately
con-fused with it. The hermeneut cannot
but be provoked and disconcerted by its
play.
One must not conclude, however, along
with the aestheticizing and obscurantist
hermeneuein, that any knowledge of whatever *that* means should be abandoned. On
the contrary, if the structural limit and
the remainder of the simulacrum which has
been left in writing are going to be taken
into account, the process of decoding,
because this limit is not of the sort that
circumscribes a certain knowledge even as
it proclaims a beyond, must be carried to
the furthest lengths possible. To where the
limit runs through and divides a scientific
work, whose very condition, this limit, thus
opens it up to itself.
If Nietzsche had indeed meant to say
something, might it not be just that limit
to the will to mean, which, much as a
necessarily differential will to power, is
forever divided, folded and manifolded.
To whatever lengths one might carry a
conscientious interpretation, the hypothesis
that the totality of Nietzsche's text, in some
monstrous way, might well be of the type
« I have forgotten my umbrella » cannot
be denied.

Autant dire qu'il n'y aurait plus de « totalité
du texte de Nietzsche », fût-elle fragmentaire
et aphoristique.
De quoi s'exposer aux éclairs ou à la foudre
d'un immense éclat de rire. Sans paratonnerre
et sans toit.
« *Wir Unverständlichen. . . . denn wir wohnen
den Blitzen immer näher* »: « *Nous autres
incompréhensibles* [titre du fragment 371
du *Gai Savoir*] car nous habitons toujours
plus près de la foudre! » Qu'on remonte, à
peine plus haut, vers le fragment 365 qui se
clôt ainsi: (« . . . *wir posthumen Menschen!* »).

Un pas encore. Supposez que la totalité, en
quelque sorte, de ce que je, si l'on peut dire,
viens de lire, soit une greffe erratique,
peut-être parodique, du type, éventuellement
d'un « j'ai oublié mon parapluie ».
S'il ne l'est pas en totalité, du moins ce
texte-ci, que vous commencez déjà à oublier,
peut-il être tel en certains de ses mouvements
les plus dérapants, de sorte que l'indéchiffra-
bilité s'en propage sans mesure.
Pourtant mon discours était aussi clair que
« j'ai oublié mon parapluie ». Il avait même,
n'est-ce pas, quelques vertus ou lourdeurs
rhétoriques, pédagogiques, persuasives.
Supposez pourtant qu'il soit crypté, que j'aie
choisi tels textes de Nietzsche (par exemple
« j'ai oublié mon parapluie »), tels concepts
ou tels mots (par exemple « éperon »)
pour des raisons dont je sois seul à connaître
l'histoire et le code. Voire selon des raisons,
une histoire et un code qui pour moi-même
n'ont aucune transparence. A la limite, pour-

Which is tantamount to saying that there
is no « totality to Nietzsche's text, » not
even a fragmentary or aphoristic one.
There is evidence here to expose one,
roofless and unprotected by a lightning rod
as he is, to the thunder and lightning of
an enormous clap of laughter.
« *Wir Unverständlichen . . . denn wir wohnen
den Blitzen immer näher?* »: « *We
Unintelligible Ones* (title to fragment
371 in *Joyful Wisdom*): for we dwell ever
closer to the lightning! » Just a little bit
above, fragment 365 concludes: (« wir
posthumen Menschen! »).

Not yet, yet one step (*un pas encore*).
Suppose further that in some way the
totality which I (so to speak) have presented
is also an erratic, even parodying, graft.
What if this totality should eventually be
of the same sort as an « I have forgotten
my umbrella »?
Even if it is not so for its totality, there
might yet be certain movements where the
text, which already you are beginning to
forget, could very well slip quite away.
Should this indeed be the case, there would
be no measure to its undecipherability.
My discourse, though, has been every bit
as clear as that « I have forgotten my
umbrella ». You might even agree that it
contained a certain ballast of rhetorical,
pedagogical and persuasive qualities.
But suppose anyway that it is cryptic. What
if those texts of Nietzsche (such as « I have
forgotten my umbrella ») and those concepts
and words (like « spur » (« *éperon* »)) were
selected for reasons whose history and
code I alone know? What if even I fail
to see the transparent reason of such a
history and code? At most you could reply

riez-vous dire aussi, il n'y a pas de code pour un seul. Mais il pourrait y avoir une clé de ce texte entre moi et moi, contrat par lequel je fais plus qu'un. Mais comme moi et moi nous mourrons, vous n'en doutez pas, il y a là une nécessité structurellement posthume de mon rapport – et du vôtre – à l'événement de ce texte qui ne s'arrive jamais. Le texte peut toujours rester à la fois ouvert, offert *et* indéchiffrable, sans même qu'on le sache indéchiffrable.

Supposez alors que je ne sois pas seul à prétendre connaître le code idiomatique (notion à elle seule déjà contradictoire) de cet événement: qu'il y ait ici ou là partage présumé du secret de ce non-secret. Cela ne changerait rien à la scène. Les complices mourront, vous n'en doutez pas, et ce texte peut rester, s'il est cryptique et parodique (or je vous dis qu'il l'est, de bout en bout, et je peux vous le dire parce que cela ne vous avance à rien, et je peux mentir en l'avouant puisqu'on ne peut dissimuler qu'en disant la vérité, en disant qu'on dit la vérité), indéfiniment ouvert, cryptique et parodique, c'est-à-dire fermé, ouvert et fermé à la fois ou tour à tour. Ployé/déployé, un parapluie en somme dont vous n'auriez pas l'emploi, que vous pourriez oublier aussitôt, comme si vous n'en aviez jamais entendu parler, comme s'il était placé au-dessus de votre tête, comme si vous ne m'aviez même pas entendu, puisque je n'ai rien dit que vous ayez pu entendre. De ce parapluie, on

that one person does not make a code.
To which I could just as easily retort that
the key to this text is between me and
myself, according to a contract where I am
more than just one. But because me and
myself, as you are no doubt well aware,
we are going to die, my relation—and yours
too—to the event of this text, which
otherwise never quite makes it, our relation
is that of a structurally posthumous necessity.
And it is hardly necessary to know that this
text is undecipherable for it to remain, at
once and for all, open, tendered *and*
undecipherable.
Suppose, in that case, that I am not alone
in my claim to know the idiomatic code
(whose notion itself is already contradictory)
of this event. What if somewhere, here or
there, there are shares in this non-secret's
secret? Even so the scene would not be
changed. The accomplices, as you are once
again well aware, are also bound to die.
And still the text will remain, if it is really
cryptic and parodying (and I tell you that
it is so through and through. I might as
well tell you since it won't be of any help
to you. Even my admission can very well
be a lie because there is dissimulation only
if one tells the truth, only if one tells that
one is telling the truth), still the text will
remain indefinitely open, cryptic and
parodying. In other words, the text
remains closed, at once open and closed,
or each in turn, folded/unfolded (*ployé/
déployé*), it is just an umbrella that you
couldn't use (*dont vous n'auriez pas
l'emploi*). You might just as soon forget it,
as if, over your head like that, you never
heard tell of it. As if you didn't even heed
me, since I have said nothing you could
heed anyway. It is easy for you to think
that you can rid yourself of this umbrella,

croit toujours pouvoir se décharger, pour
autant qu'il n'a pas plu.

La mort dont je parle n'est pas la tragédie
ou l'attribution rapportée à un sujet: dont il
faudrait faire cas, tirer la conséquence quant
à la scène qui nous occupe. Il ne s'agit
pas de procéder ainsi: « je suis mortel, donc,
etc. . . . ». Au contraire, la mort – et le
posthume – ne s'annoncent qu'à partir de
la possibilité d'une telle scène. Il en va
donc de même, quant à la tragédie et quant
à la parodie, pour la naissance.

C'est peut-être ce que Nietzsche nommait le
style, le simulacre, la femme.

Mais il devient assez manifeste, d'un gai
savoir, que pour cette raison même il n'y a
jamais eu *le* style, *le* simulacre, *la* femme.
Ni *la* différence sexuelle.

Pour que le simulacre advienne, il faut
écrire dans l'écart entre plusieurs styles.

S'il y a du style, voilà ce que nous insinue
la femme (de) Nietzsche, il doit y en avoir
plus d'un.

Deux éperons au moins, telle est l'échéance.
Entre eux l'abyme où lancer, risquer, perdre
peut-être l'ancre.

P.S. Roger Laporte me rappelle une rencontre orageuse – il y a plus de cinq ans et je
ne peux en rapporter ici la circonstance –
au cours de laquelle nous avions eu tous
deux à nous opposer, pour d'autres raisons,
à tel herméneute qui, au passage, prétendit
tourner en dérision la publication de tous
les inédits de Nietzsche: « ils finissent par
publier ses notes de blanchisseuse et des
déchets du genre 'j'ai oublié mon parapluie' ».

either because it hasn't rained or else just because you don't like it (*pour autant qu'il n'a pas plu*).

That death that I am talking about is not that of tragedy nor that attributed to a subject. One would have to make a case for a subject and draw its consequences for that scene where we are occupied. But the procedure is not such that « I am mortal, therefore, etc... ». On the contrary, only when such a scene is possible can death and the posthumous be anticipated. Thus, as far as tragedy and parody go, the same holds for birth. Maybe this is what Nietzsche was calling style, simulacrum, woman.

A joyful wisdom shows it well: there never has been *the* style, *the* simulacrum, *the* woman. There never has been *the* sexual difference.

If the simulacrum is ever going to occur, its writing must be in the interval between several styles. And the insinuation of the woman (of) Nietzsche is that, if there is going to be style, there can only be more than one.

The debt falls due. At least two spurs (*éperons*). The anchor is lowered, risked, lost maybe in the abyss between them.

P.S. Roger Laporte has reminded me of a stormy encounter which took place five years ago. During this encounter (although I am unable to recount the occasion for it here) we found ourselves, for other reasons, in disagreement with a certain hermeneut who in passing had presumed to ridicule the publication of Nietzsche's unpublished manuscripts. « They will end up, » he said, « publishing his laundry notes and scraps like 'I have forgotten my umbrella' ».

Nous en avions reparlé, des témoins le
confirment. Je me suis donc assuré de la
vérité de ce récit, de l'authenticité de ces
« faits » dont je n'avais d'ailleurs aucune
raison de douter. Je n'en garde pourtant pas
le moindre souvenir. Aujourd'hui encore.
(1.4.1973)

PS. II. Ne feignons pas de savoir *ce que
c'est* que l'oubli. S'agit-il pour autant de
questionner le sens de l'oubli ? ou de recon-
duire la question de l'oubli à la question
de l'être ? Et l'oubli d'un étant (par exemple
le parapluie) serait-il incommensurable à
l'oubli de l'être ? dont il serait tout au plus
une mauvaise *image* ? Voire.
Je ne me rappelais pas davantage ce texte de
Heidegger, extrait de *Zur Seinsfrage* que j'ai
pourtant lu et cité :
« Dans la phase d'accomplissement du nihi-
lisme il semble que quelque chose comme
l'*'être de'* l'étant, il n'y en ait pas, qu'il
n'en soit rien (au sens du *nihil negativum*).
Être reste absent d'une façon singulière.
Il se tient dans un retrait voilé (*Verborgenheit*) qui se voile lui-même. Or c'est dans un
tel voilement que consiste l'essence de
l'oubli, éprouvée comme les Grecs l'éprou-
vent. Ce n'est finalement (c'est-à-dire selon
ce qu'est finalement son essence) rien de
négatif, mais en tant que retrait c'est sans
doute une retraite protectrice, qui sauvegar-
de l'encore Indécelé. Pour la représentation
courante l'oubli prend aisément l'apparence
de la simple lacune, du manque, de
l'incertitude. L'habitude est de considérer
qu'oublier, être oublieux, c'est exclusivement
'omettre', et que l'omission est un état
de l'homme (représenté pour soi-même) qui

We discussed the incident again; those
who were present confirm this. Thus I am
assured of the story's veracity, as well as
the authenticity of the facts which otherwise
I have no reason to doubt. Nevertheless I
have no recollection of the incident. Even
today. (1.4.1973)

P.S. II. Let us not pretend to know what
it is, this forgetting. And if such is the case,
is it for us to question the meaning of
forgetting? or to bring the question of
forgetting back to the question of being?
Would the forgetting of a being (an umbrella,
for example) be incommensurable with the
forgetting of Being? for which it would
all the more be a bad *image*? Indeed.
Although I have read and quoted it, I no
longer recalled this text of Heidegger from
Zur Seinsfrage: « In the culminating phase of
nihilism it seems that there is no such
thing as the « *Being of being*, » that there
is nothing to it (in the sense of *nihil
negativum*). Being remains absent in a
singular way. It veils itself. It remains in
a veiled concealment (*Verborgenheit*) which
itself veils itself. In such a movement then
consists the essence of forgetting which
is experienced in the way the Greeks
experienced it. Finally, (that is, according
to what is finally its essence), it is nothing
negative. Inasmuch as it is a concealment,
however, it is no doubt a protective
concealment which safeguards the still
Undisclosed. In its current representation
forgetting easily assumes the appearance
of a simple lacuna, a lack, uncertainty. It
is habitual to consider that to forget, to
be forgetful, is exclusively « to omit » and
that the omission is a human condition (of
man represented for himself) which is

se rencontre assez fréquemment. Nous restons
encore très éloignés d'une détermination
de l'essence de l'oubli. Et là même où
l'essence de l'oubli se découvre à nous dans
toute son étendue, nous sommes encore trop
facilement exposés au danger de ne comprendre l'oubli que comme un fait humain.
Ainsi a-t-on représenté, de mille façons,
l' 'oubli de l'être' (*Seinsvergessenheit*)
comme si l'être, pour prendre une image,
était le parapluie que la distraction d'un
professeur de philosophie lui aurait fait
abandonner quelque part (*daß, um es im
Bilde zu sagen, das Sein der Schirm ist, den
die Vergeßlichkeit eines Philosophieprofessors irgendwo hat stehen lassen*).
Or l'oubli *n'attaque* pas seulement, en tant
qu'il en est apparemment distinct, l'essence
de l'être (*das Wesen des Seins*). Il est
consubstantiel à l'être (*Sie gehört zur Sache
des Seins*), il règne en tant que Destin de
son essence (*als Geschick seines Wesens*)».
(*Contribution à la question de l'être*, tr. fr.
G. Granel, in *Questions* I. p. 237-8)
(17-5-1973).

commonly found. We are still far from determining the essence of forgetting. Precisely there where forgetting reveals itself to us in its full extent are we still only too vulnerable to the danger of understanding forgetting as but a human fact.

Thus, in a thousand ways, has the « forgetting of Being » (*Seinsvergessenheit*) been represented as if Being (figuratively speaking) were the umbrella that some philosophy professor, in his distraction, left somewere (*daß, um es im Bilde zu sagen, das Sein der Schirm ist, den die Vergeßlichkeit eines Philosophieprofessors irgendwo hat stehen lassen*). Forgetting, then, not only *attacks* the essence of Being (*das Wesen des Seins*) inasmuch as it is apparently distinct from it. It belongs to the nature of Being (*Sie gehört zur Sache des Seins*) and reigns as the Destiny of its essence (*als Geschick seines Wesens*) ». (*Zur Seinsfrage*) 17.5.73.

Notes

1. *Ce titre renvoie à la première version comme à la première occasion de ce texte: le colloque dont Nietzsche fut l'objet à Cerisy-la-Salle en juillet 1972.*

2. *Leurs « auteurs » (Sarah Kofman, Philippe Lacoue-Labarthe, Bernard Pautrat, Jean-Michel Rey) assistaient à cette séance.*

3. La dissémination, *p. 47 et passim.*

4. *« Les mères. Les animaux pensent autrement des femelles que les hommes: pour eux la femelle vaut comme nature productive* (als das produktive Wesen). *Il n'y a pas chez eux d'amour paternel, mais quelque chose comme de l'amour que l'on aurait pour les enfants d'une maîtresse, et la manière dont on s'y habitue. Les femelles trouvent dans leurs petits la satisfaction de leur besoin de domination* (Herrschsucht), *une propriété* (Eigentum), *une occupation, quelque chose qui leur est parfaitement compréhensible, avec quoi l'on puisse bavarder: tout cela constitue l'amour maternel − comparable à l'amour de l'artiste pour son oeuvre. La grossesse a rendu les femmes plus tendres, plus patientes, plus craintives, elle les a mieux disposées à la soumission; et de même la grossesse spirituelle développe le caractère des contemplatifs, apparenté au caractère féminin − ce sont des mères masculines. − Chez les animaux, le sexe mâle est pris pour le beau sexe. »* (Le Gai savoir, 72)
L'image de la mère détermine donc les traits de la femme. Ils s'assignent, se prédestinent dès le sein: « Legs maternel (Von der Mutter her). *Tout homme porte une image de la femme qui lui vient de sa mère: c'est elle qui le détermine à respecter les femmes en général ou bien à les mépriser*

1. *This title refers to a first version of this text which was presented at the colloquium on Nietzsche held at Cerisy-la-Salle in July, 1972.*

2. *The « authors » of these works (Sarah Kofman, Philippe Lacoue-Labarthe, Bernard Pautrat, Jean-Michel Rey) were present at that lecture.*

3. *In French, the double meaning of 'voile' is assured by its two genders (genres): the masculine form, 'le voile,' means 'veil,' whereas the feminine, 'la voile,' means 'sail'-trans.*

4. *This is a play on the double meaning of the word 'tombe,' which, in French, is both the noun 'tomb' and the third person singular of the present tense of the verb 'to fall.' Thus, in English, the phrase could be translated as either 'The veil falls.' or 'The veil/tomb.' This usage of 'tombe' will recur twice more in the text.-trans.*

5. *This refers to Jacques Lacan's theory of the « point de capiton. »-trans.*

6. La dissémination, *p. 47 and passim.*—

7. *« Mothers. Animals think differently from men with respect to females; with them the female is regarded as the productive being* (als das produktive Wesen). *There is no paternal love among them, but there is such a thing as love of the children of a beloved, and habituation to them. In the young, the females find gratification for their lust of dominion* (Herrschsucht); *the young are a property* (Eigentum), *an occupation, something quite comprehensible to them, with which they can chatter: all*

*ou bien à ne sentir pour elles qu'indiffé-
rence.* » (Humain, trop humain, *380*).

5. *Sur le masque de la femme comme désir
de l'homme, voir le fragment 405.*

6. *Dès qu'on détermine la différence
sexuelle en opposition, chaque terme renverse
son image dans l'autre. Proposition dont
les deux x seraient à la fois sujets et
prédicats, la copule un miroir. Telle est la
machine de la contradiction. Si Nietzsche
suit la tradition pour inscrire l'homme dans
le système de l'activité (avec toutes les
valeurs qui y sont associées), la femme dans
le système de la passivité, il lui arrive
d'inverser le sens du couple, ou plutôt d'en
expliquer le mécanisme d'inversion.* Humain,
trop humain (*411*) *attribue l'entendement et
la maîtrise à la femme, la sensibilité et la
passion à l'homme, dont l'intelligence
est « en soi quelque chose de passif »*
(etwas Passives). *Le désir passionnel étant
narcissique, la passivité s'aime comme
passivité chez l'autre, l'y projette comme
« idéal », y fixe la partenaire qui en retour
aime sa propre activité et y renonce,
activement, d'en produire le modèle et d'y
prendre l'autre. L'opposition actif/passif
spécule son effacement homosexuel à l'infini,
se relève dans la structure de l'idéalisation
ou de la machine désirante.*
« *Les femmes s'étonnent souvent en secret
de la grande vénération que les hommes
portent à leur sensibilité. Pour autant
que, lors du choix d'un conjoint, les hommes
cherchent avant tout un être doué de
profondeur et d'âme, mais les femmes un
être brillant, doué de présence et de sagacité
d'esprit, on voit nettement, au fond, que
l'homme recherche l'homme idéal, et la
femme, la femme idéale, c'est-à-dire chacun*

this conjointly is maternal love,-it is to be compared to the love af the artist for his work. Pregnancy has made the female gentler, more expectant, more timid, more submissively inclined; and similarly intellectual pregnancy engenders the character of the contemplative, who are allied to woman in character:-they are the masculine mothers.-Among animals the masculine sex is regarded as the beautiful sex. » (Joyful Wisdom, 72) *The characteristics af a woman are determined by the mother's image. They are designated and predestined from the moment of nursing:* « From the mother (Von der Mutter her).-*Everyone carries in himself an image of woman derived from the mother, by this he is determined to revere women generally, or to hold them in low esteem, or to be generally indifferent to them.* » (Human, All Too Human I, 380).

8. *This refers to the story of the borrowed kettle in Freud's* Jokes and their Relation to the Unconscious. *The story serves there as an example of the* « *mutual cancelling out by several thoughts, each of which is in itself valid.* » *Cf.* Jokes and their Relation to the Unconscious. *Standard Edition, VIII, p. 205.-trans.*

9. *With respect to the woman's mask and the man's desire, see also fragment 405.*

10. *At the moment that the sexual* difference *is determined as an opposition, the image of each term is inverted into the other. Thus the machinery of contradiction is a proposition whose two x are at once subject and predicate and whose copula is a mirror. If Nietzsche, then, is following tradition when he inscribes the man in the system of activity (and if all the values which*

non pas le complément (Ergänzung), *mais
bien l'accomplissement* (Vollendung) *de
ses propres qualités* ».

7. Jenseits... *232. Cf. aussi 230 à
239. Ce que ne contredit pas, confirme
au contraire, tel énoncé*: « La femme parfaite.
– *La femme parfaite* (das vollkommene
Weib) *est un type d'humanité supérieur à
l'homme parfait: quelque chose de plus rare
aussi. – L'histoire naturelle des animaux
offre un moyen de rendre cette proposition
vraisemblable.* » (Humain, trop humain,
577)

8. « *A-t-on eu des oreilles pour ma définition
de l'amour? c'est la seule qui soit digne
d'un philosophe. L'amour – dans ses moyens
la guerre, dans son fond la haine à mort
des sexes. A-t-on bien entendu ma réponse
à la question 'comment guérit-on* (kuriert)
*une femme? comment la 'délivre'-t-on?,
en lui faisant un enfant. C'est d'enfants que
la femme a besoin, l'homme n'est jamais
qu'un moyen: ainsi parla Zarathoustra* ».
Ecce homo, Pourquoi j'écris de si bons
livres *(V). Il faudrait analyser tout
le chapitre.*

9. « *Tout ce que l'on nomme amour. Avidité*
(Habsucht) *et amour: quels sentiments,
ô combien différents, ne nous suggère pas
chacun de ces termes! et cependant il se
pourrait que ce soit la même pulsion,
sous deux noms, une fois diffamée du point
de vue de ceux qui ont déjà* (bereits
Habenden), *en qui cette pulsion en est venue
à quelque apaisement et qui craignent
pour leur « avoir »; une autre fois du point
de vue des insatisfaits, des assoiffés, et par
conséquent honorée en tant que 'bonne'.
Notre amour du prochain n'est-il pas une*

this implies are taken into account) and the woman in the system of passivity, he in fact arrives at either an inversion of the meaning of the couple, or else an explanation of the meaning of the couple. Whereas, in Human, All Too Human *(411), woman is endowed with understanding and mastery, the man, whose intelligence is « in itself something passive »* (etwas Passives), *is gifted with sensitivity and passion. Because passion's jealous desire is narcissistic, passivity loves itself there as « ideal.» Its partner, who is thus transfixed, comes in turn to love its own activity and, by an active renunciation, refuses both to produce its model and to seize the other in it. The active/passive opposition speculates reflectively its own homosexual effacement into infinity, where it is assumed in the structure of idealisation or the desiring machine. « Women are often silently surprised at the great respect men pay to their character. When, therefore, in the choice of a pattern, men seek specially for a being of deep and strong character, and women for a being of intelligence, brilliancy, and presence of mind, it is plain that at the bottom men seek for the ideal man, and women for the ideal woman,- consequently not for the complement* (Ergänzung) *but for the completion* (Vollendung) *of their own excellence. »*

11. Jenseits... *232 Cf. also 230 to 239. Whereas this might appear to contradict the statement: « The Perfect Woman.-The perfect woman* (das vollkommene Weib) *is a higher type of humanity than the perfect man, and also something much rarer. The natural history of animals furnishes grounds in support of this theory. »* Human All Too Human *(377), it, on the contrary, confirms it.*

impulsion à acquérir une novelle proprieté
(ein Drang nach neuem Eigentum)? *Et tout
de même notre amour du savoir, de la
vérité?* ».

*Et après avoir reconnu la motivation à
posséder* (besitzen) *et à s'approprier sous
tous les phénomènes de désintéressement ou
de renoncement, Nietzsche en définit
l'hyperbole mais aussi bien ce qui en oriente
le premier mouvement:* « *Mais c'est l'amour
des sexes qui se trahit le plus lisiblement
comme impulsion à acquérir une propriété*
(Eigentum): *l'amant veut la possession
inconditionnée* (unbedingten Alleinbesitz)
de la personne qu'il désire »... *Le Gai
savoir (14). L'amitié, que Nietzsche oppose
dans ce fragment à l'amour, ne* « *transcende* »
pas la pulsion appropriante, elle met en
commun *les désirs, les avidités, les cupidités
et les oriente vers un* « *bien* » *partagé,*
l'idéal.

*Autre citation pour faire apparaître
l'organisation systématique de ces
mouvements de propriation:* « Comment les
sexes ont chacun leur préjugé à l'égard de
l'amour. *Malgré toutes les concessions
que je serais disposé à faire au préjugé
monogamique, je n'admettrai jamais que
l'on parle d'une* égalité de droits en
amour [...] *Ce que la femme entend par
amour est assez clair: parfait don* (vollkommene Hingabe) *(non pas seulement abandon)*
(nicht nur Hingebung) *du corps et de
l'âme* [...] *L'homme, quand il aime une
femme,* exige *justement d'elle cet amour-
là* [...] *Un homme qui aime tel une femme,
devient alors esclave; mais une femme qui
aime en tant que femme, devient alors une
femme* plus accomplie (vollkommeres)...
*La passion de la femme dans son renonce-
ment inconditionné à des droits propres*
(eigne Rechte) *présuppose justement qu'il*

12. *Cf. note 4. The play on the word
'tombe' should here again be noted. 'The
erection falls.' or 'The erection tomb.'—
trans.*

13. « *Have people had ears to hear my
definition of love? It is the only definition
worthy of a philosopher. Love, in its means,
is war; in its foundation, it is the mortal
hatred of the sexes. Have you heard my
reply to the question how a woman can
be cured* (kuriert), *'saved' in fact?—Give
her a child! A woman needs children, man
is always only a means, thus spake
Zarathustra.* » Ecce homo, Why I Write
Such Good Books *(V). The entire chapter
should be analyzed.*

14. « *What is called love.—The lust of
property* (Habsucht), *and love: what
different associations each of these ideas
evoke!—and yet it might be the same
impulse twice named: on the one occasion
disparaged from the standpoint of those
already possessing* (bereits Habenden) *(in
whom the impulse has attained something of
repose,—who are now apprehensive for
the safety of their 'possession'* »*); on the
other occasion viewed from the standpoint
of the unsatisfied and thirsty, and therefore
glorified as 'good.' Our love of our
neighbor,—is it not a striving after new
property* (ein Drang nach neuem Eigentum)*?
And similarly our love of knowledge, of
truth?* » *Once he has found the motivation
of possession* (besitzen) *and appropriation
in all the phenomena of disinterestedness
and renunciation, Nietzsche proceeds to
define not only their hyperbolic quality
but also the orientation of their original
movement:* « *The love of the sexes, however,
betrays itself most plainly as the striving*

n'existe point *de l'autre côté un pathos
identique, une volonté de renoncement
identique: car si tous deux renonçaient
également à eux-mêmes par amour, il en
résulterait — que sais-je, peut-être un espace
vide? — La femme se veut prise, acceptée
comme propriété* (will genommen, angenommen werden als Besitz), *veut
s'épanouir dans la notion de « possession »*
(in den Begriff « Besitz »), *d'« être possédé »*
(besessen); *par conséquent elle désire un
homme qui* prend (nimmt) *qui ne se donne
ni ne s'abandonne lui-même* [...] *La
femme s'abandonne, l'homme s'accroît
d'autant — je pense que nul contrat social,
ni la meilleure volonté de justice ne
permettront jamais de surmonter cet antagonisme naturel: si souhaitable qu'il puisse
être de ne pas garder les yeux fixés sur
ce que cet antagonisme a de dur, d'effroyable,
d'énigmatique, d'immoral. Car l'amour
conçu dans sa totalité, sa grandeur, sa
plénitude, est nature et en tant que nature,
de toute éternité, quelque chose
d''immoral'. »* Nietzsche en tire alors la
conséquence: la fidélité est essentielle à
l'amour de la femme, contradictoire avec
celui de l'homme (ibid., 363).

10. *Quant à la lecture pré-textuelle de
Nietzsche par Heidegger et au déplacement
que la problématique de l'écriture peut y
provoquer, je reprends ici le motif d'une
question ouverte dans* De la grammatologie
(1.1, L'être écrit, *p. 31 sq).*

11. Nietzsche, *tr. P. Klossowski, T. 2,
p. 391-2, note 2 du traducteur.*

12. « *'Etre comme l'Ereignis' — autrefois
la philosophie pensait, partant de l'étant,
l'être comme* idea, *comme* actualitas, *comme*

after possession (Eigentum)*: the lover*
wants the unconditioned possession
(unbedingten Alleinbesitz) *of the person*
longed for by him. » Joyful Wisdom *(14)*
Friendship, which Nietzsche opposes to love
in this fragment, does not « *transcend* » *the*
appropriating instinct. Rather it joins all
desires, greed and covetousness in a
common orientation toward a shared
« *good,* » *the* ideal.
A second citation reveals this systematic
orientation: « *How each Sex has its Prejudice*
about Love.—Notwithstanding all the
concessions which I am about to make to
the monogamic prejudice, I will never
admit that we should speak of equal *rights*
in the love of man and woman . . . What
woman understands by love is clear enough:
complete surrender (vollkommene Hingabe)
(*not merely devotion*) (nicht nur Hingebung) *of soul and body . . . Man, when*
he loves a woman, wants *precisely this*
love from her . . . A man who loves like a
woman becomes thereby a slave; a woman,
however, who loves like a woman, becomes
thereby a more perfect *woman* (vollkommeres) *. . . The passion of woman in*
its unconditional renunciation of its own
rights (eigne Rechte) *presupposes in fact*
that there does not *exist on the other side*
an equal pathos, an equal desire for
renunciation: for if both renounced
themselves out of love, there would
result—well, I don't know what, perhaps
a horror vacui. *Woman wants to be taken*
and accepted as a possession (will genommen,
angenommen werden als Besitz)*, she wishes*
to be merged in the conceptions of
'possession' (in den Begriff 'Besitz') *and*
'possessed' (besessen)*; consequently she*
wants one who takes (nimmt)*, who does*
not offer and give himself away . . . Woman

*volonté; et maintenant – pourrait-on croire
– comme* Ereignis. *Ainsi entendu,* Ereignis
*signifie une déclinaison nouvelle dans la
suite des interprétations de l'être* (eine
abgewandelte Auslegung des Seins) *–
déclinaison qui, au cas où elle tient debout,
représente une continuation de la
métaphysique. Le « en tant que »* (als)
signifie en ce cas: Ereignis *en tant que genre
de l'être* (als eine Art des Seins), *subordonné
à l'être qui constitue le concept de base,
maintenant son hégémonie* (den
festgehaltenen Leitbegriff). *Si nous pensons
au contraire – ainsi qu'il a été tenté – l'être
au sens d'avancée dans la présence* (Sein im
Sinne von Anwesen und Anwesenlassen) *et
de laisser – avancer dans la présence, qu'Il y
a dans la rassemblement de la destination*
(die es im Geschick gibt) *– qui à son tour
repose dans la porrection éclaircissante –
hébergeante du temps véritable* (das
seinerseits im lichtend-verbergenden
Reichen der eigentlichen Zeit beruht),
*alors l'être a sa place dans le mouvement
qui fait advenir à soi le propre* (dann gehört
das Sein in das Ereignen). *De lui le donner
et sa donation* (das Geben und dessen
Gabe) *accueillent et reçoivent leur détermination* (Bestimmung). *Alors l'être serait
un genre de l'Ereignis et non l'Ereignis un
genre de l'être. Mais la fuite qui cherche
refuge dans un tel renversement* (Umkehrung) *serait trop bon marché. Elle passe
à côté de la vraie pensée de la question et
de son tenant* (Sie denkt am Sachverhalt
vorbei). Ereignis *n'est pas le concept
suprême* (der umgreifende Oberbegriff)
*qui comprend tout, et sous lequel être et
temps se laisseraient ranger. Des relations
logiques d'ordre ne veulent ici rien dire.
Car, dans la mesure où nous pensons en
quête de l'être lui-même et suivons ce qu'il*

*gives herself, man takes her.—I do not
think one will get over this natural contrast
by any social contract, or with the very
best will to do justice, however desirable
it may be to avoid bringing the severe,
frightful, enigmatical, and unmoral elements
of this antagonism before our eyes. For
love, regarded as complete, great and full,
is nature, and as nature, is to all eternity
something 'unmoral'. »* (ibid., 363). *From
this, Nietzsche concludes that fidelity is
essential to a woman's love, but
contradictory in a man's.*

15. *Concerning Heidegger's pre-textual
reading of Nietzsche and the displacement
to which the problematic of writing gives
rise there, I am returning here to the motif
of a question which was posed in* De la
grammatologie *(1,1* L'être écrit, *p. 31 sq.).*

16. Nietzsche, *trans P. Klossowski, vol. 2,
pp. 391-2, note 2 of the translator.*

17. « *'Being as* Ereignis'*—hitherto
philosophy, starting from being, thought
Being as* idea, *as* actualitas, *as* will; *and
now, one might think, as* Ereignis. *Understood in this way,* Ereignis *signifies a new
interpretation in the sequence of interpreta-
tions of Being (*eine abgewandelte Auslegung
des Seins) *—an interpretation which, in the
case where it holds up, represents a continuation of metaphysics. In this case, «* as »
(*als*) *signifies* Ereignis *as a kind of Being
(*als eine Art des Seins) *and as subordinated
to Being which constitues the fundamental
concept and maintains its hegemony (*den
festgehaltenen Leitbegriff). *If, on the contrary, and in a way that has already been
attempted, we think Being in the sense
of a presence and letting be present (*Sein

a de propre (seinem Eigenen), *il s'avère
comme la donation, accordée par la porrection du temps, du destinement de parousia*
(Gabe des Geschickes von Anwesenheit).
La donation de présence *est propriété de
l'*Ereignen *(Die Gabe von Anwesen ist
Eigentum des Ereignens).» (Zeit und Sein,
tr. F. Fédier, in* L'endurance de la pensée,
p. 61-63).

13. *Fragment classé avec la cote 12, 175,
tr. fr. du* Gai savoir, *p. 457.*

14. *Voir la* Note justificative *(principe des
éditeurs), traduction française p. 294.
P.S. Les éditeurs auraient-ils de loin
soudé notre fragment à tel autre (430),
dont je dois la lecture à Sarah
Kofman, et qui se clôt ainsi: « Il n'est pas
rare qu'une femme se découvre l'ambition
de s'offrir à un tel sacrifice [protéger le grand
homme et détourner vers elle l'agressivité
qu'il suscite nécessairement] et le fait est
que l'homme peut alors s'en montrer fort
content, à condition, s'entend, d'être assez
égoïste pour accepter auprès de lui cette
sorte de paratonnerre, parafoudre et parapluie volontaire* (um sich einen solchen
freiwilligen Blitz-, Sturm- und Regenableiter
in seiner Nähe gefallen zu lassen) *»? C'est
peu probable, pour toute sorte de raisons,
encore que Nietzsche ait parfois regretté la
présence d'une telle femme à ses côtés.
Post-scriptum d'une lettre à la soeur (21
mai 1887) «Tu as l'air, toi aussi, de te
transformer en 'victime volontaire' et de
prendre tous les ennuis sur tes épaules. Et
monsieur mon beau-frère accepte que tu
assumes ce rôle de paratonnerre? (Voir*
Humain, trop humain! *– A ce propos
pourquoi Madame Wagner a-t-elle si mal*

im Sinne von Anwesen und Anwesenlassen)
which there is in destiny's assemblage (die
es im Geschick gibt) *and which in its turn
resides in the clearing-concealing reach of
authentic time* (das seinerseits im lichtend-
verbergenden Reichen der eigentlichen
Zeit beruht), *if we think Being in this
way, then Being belongs in the movement
of the* Ereignis. *Thus Being would be a
kind of* Ereignis, *not* Ereignis *a kind of
Being. But the flight which seeks refuge
in such a reversal* (Umkehrung) *is too
easily come by. It misses the real thought
of the question and its import* (Sie denkt
am Sachverhalt vorbei). Ereignis *is not
the supreme encompassing concept in which
everything is included and under which
Being and time might be arranged. The
logical relations of order are meaningless
here. Inasmuch as it is in the quest of
Being itself that we think and pursue what
is proper to it* (seinem Eigenen), *it proves
itself to be the gift of the destiny of
presence, a gift which is accorded through
the reach of time* (Gabe des Geschicks
von Anwesenheit). *The gift of presence is
the property of the movement of* Ereignens.
(Die Gabe von Anwesen ist Eigentum des
Ereignens.) » (Zeit und Sein).

18. *Fragment classified no. 12,175 in the
French translation of* Joyful Wisdom, *p. 457.*

19. 'Seing' *means 'signature' in English—
or, more specifically, 'simple contract;
private agreement.'*
*To translate it here, however, would
be to obvert its undecidable relation to that
other word « sein, » which in French means
« breast, » and the play of this undecidability
throughout the text—trans.*

*pris justement cet aphorisme-là? A cause de
Wagner? ou d'elle-même? C'est toujours
resté une énigme pour moi) » (29-3-1973).*

15. *La signature et le texte tombent l'un
hors de l'autre, se sécrètent, se séparent
et s'excrètent, se forment de la coupure
même qui les décapite, les échafaude en
tronc sans tête, dès l'instant de leur itéra-
bilité. Or celle-ci commence, les commence
par l'expropriation et marque tout ce qu'elle
érige d'une structure d'*étron.
« Etron (*é-tron*), *s.m. Terme très bas.
Matière fécale consistante et moulée. Etron
de Suisse, petit cône que les enfants font
avec de la poudre à canon mouillée et mise
en pâte, et qu'ils allument par le sommet.
Hist., XIII*e* s. 'Estrons sans ordure,* Jubinal,
Fatrasies, *t. 11, 222. XIV*e* s. 'Adoncques,
dit le veneur, tous les estrons que nos chiens
font vous feussent en la gorge!' Modus, f*o
CII. XVI*e* s. 'Une tartre bourbonnoise
composée d'estroncs tout chaulx',* Rabelais,
Pantagruel II, *16. E. Wallon,* stron: *ital.*
stronzo, *étron, et* stronzare, *couper; bas-lat.*
strundius, struntus; *flamand,* stront, *ordure,
fumier; de l'allem.* strunzen, *morceau coupé;
du h. alem.* strunzan, *détacher en coupant:
proprement, ce qui est rejeté ».* Littré.
*C'est ici le lieu de quelques graffiti supplé-
mentaires. Tel abondant poéticien voudrait
interdire qu'on joue, en particulier avec le
Littré, et se montre sévère, au nom de
l'illitréfaction, oeuvre de salubrité publique
et révolutionnaire (« Reste l'illusion sub-
stantialiste du développement syntagmatique
de tous les 'sens' d'un mot. On assiste [de
Ponge à Derrida] à la superstition essen-
tiellement idéologique qui consiste à citer
le dictionnaire et particulièrement Littré,
pris comme référence linguistique — ce qui
(mis à part le problème en lui-même de*

20. *See the editor's* Note justificative *in the French edition, p. 294.*
P.S. If they had been aware of it, would the editors have soldered our fragment to yet another one, to be found in Human, All Too Human *(430)? This fragment (whose reading I owe to Sarah Kofman) concludes with:* « A wife not infrequently has the ambition to present herself for this sacrifice, and then the husband may indeed feel satisfied,—he being enough of an egoist to have such a voluntary storm, rain, and lightning conductor beside him. (um sich einen solchen freiwilligen Blitz-, Sturm- und Regenableiter in seiner Nähe gefallen zu lassen). » *Probably, for any number of reasons, they would not have. Perhaps because Nietzsche sometimes regretted such a woman's presence at his side.*
Postscriptum to a letter of Nietzsche to his sister (21 May 1887): « You too seem to transform yourself into a 'voluntary victim' and to take all the troubles on your own shoulders. And my brother-in-law, does he permit this role of yours as lightning-rod? ». *(Cf.* Human, All Too Human—*And for that matter why should Mrs. Wagner have taken offense at just this aphorism? On Wagner's account? Or her own? This is still a mystery to me.) »* (29-3-1973).

21. *The signature and the text fall out with each other. No sooner are they iterated than they are secreted, separated, excreted. They are formed from the enormous cleavage that decapitates them, into the scaffolding of a headless trunk. Their iteration is the expropriation that initiates them. And what it erects, it also marks with the structure of an* etron.
« Etron *(é-tron), s.m. Terme très bas. Matière fécale consistante et moulée. Etron*

*l'utilisation des dictionnaires) témoigne d'un
étrange retour à l'idéologie fixiste de la
bourgeoisie bloquant la langue au classi-
cisme du XVIIᵉ-XVIIIᵉ siècle. Il n'y aurait
qu'une justification historique à lire Littré:
pour Mallarmé »). D'une sentence si sévère
(mais n'a-t-on pas averti, d'une chaire
éminente, récemment, que tout ce qui s'est
dit de l'écriture au cours de ces dernières
années, devrait être dénoncé « sévèrement »?),
je ne ferai appel qu'à La dissémination,
qui n'est pas la polysémie, s'occupe encore
moins de « tous les 'sens' d'un mot », du
sens et du mot en général, et où l'on
aurait pu lire, entre autres choses: « (Littré,
à qui nous ne demandons ici rien moins qu'une
étymologie) », p. 288; ou encore: « Littré,
encore, à qui il n'aura jamais été demandé,
bien entendu, de savoir » (p. 303).*

*de Suisse, petit cône que les enfants font
avec de la poudre à canon mouillée et mise
en pâte, et qu'ils allument par le sommet.*
H.XIIe s. 'Estrons sans ordure', Jubinal,
Fatrasies, t. *11,222.* XIVe s. *'Adoncques,
dit le veneur, tous les estrons que nos chiens
font vous feussent en la gorge!' Modus, f.*
CII. XVIe s. *'Une tartre bourbonnoise
composée d'estroncs tout chaulx', Rabelais,*
Pantagruel II, *16.*—E. *Wallon,* stron; *ital.*
stronzo, *etron, et* stronzare, *couper; bas-lat.*
strundius, struntus; *flamand,* stront, *ordure,
fumier; de l'allem,* strunzen, *morceau
coupé, du h. allem.* strunzan, *détacher en
coupant: proprement, ce qui est rejeté.»*
Littré.
*There is place here for some additional
graffiti. But there are still those overzealous
poetitians who would like to prohibit such
play. They are especially upbraiding in
their concern for* Littré, *a work upstanding
for its public and revolutionary whole-
someness; and indeed, in the name of
illittrefaction, they can be quite severe.*
«*There still remains the substantialist
illusion of a syntagmatic development of a
word's every 'meaning.' From Ponge to
Derrida one observes the essentially
ideological superstition which takes the
dictionary in general and* Littré *in particular
as its source of linguistic reference. Even
if the problem of a dictionary's usage is
left aside, such a superstition bears witness
to a curious return to a bourgeois fixationist
ideology which would freeze language at
17th and 18th century classicism. Reading*
Littré *has only one historical justification
and that is Mallarmé» A severe sentence
indeed (but then, according to what has
recently come down from some exalted
lofty chair, everything that has been said
about writing during the last two years*

Notes

*should be so « severely denounced. ») I
can only appeal to* La dissémination *which
is not polysémie. Even less does it deal with
«every 'meaning' of a word,» or meanings
or words in general. One has only to read
any number of its passages. Consider, for
example, «* (Littré, *from we ask nothing less
than an etymology.*).*», p. 288, or «Again*
Littré, *from whom knowledge, of course,
will never be sollicited*», p. 303.
(Cf. *note 4. The play on the word 'tombe'
should once again be noted. « The signature
falls. » or « The signature/tomb. »—trans.)*
Translators of Nietzsche's texts:
Joyful Wisdom: trans. Thomas Common
Twilight of the Idols: trans. Walter
Kaufmann
Human, All Too Human: Frag. 380-trans.
Walter Kaufmann. The other fragments-
trans. Helen Zimmerman
Ecce Homo: trans. Antony M. Ludovici
Beyond Good and Evil: trans. R. J.
Hollingdale
Selected Letters of Friedrich Nietzsche:
trans. Christopher Middleton.*